親子で学ぶ「幸せな性」と命のお話

本当の自分の心と体がつながる性教育

夏目祭子

はじめに

大人の皆さんへ

「性」のイメージが良くなると、自己肯定感が上がります

《質問1》あなたは、自分のお子さん、もしくは仕事で身近に接する機会がある子どもたちに向かって、人間の体に備わる「性」という働きについて、的確に説明できる言葉を持っていますか？

《質問2》子どもたちに対して、単に性教育の知識としてだけでなく、あなたが「性」について考えていることや、これまでの性体験を通して感じてきたことの一部でも、正直に話せる自信はありますか？

——この2つの問いかけに、「はい」と答えられる人は、今の日本では、かなり少数派ではないでしょうか。

多くの人が日常的な営みとして性を体験し、メディアには性行為を描いた画像や映像があふれているのに反して、世の中では、性について話題にすることは「恥ずかしい・イヤらしい、・下品なこと」という後ろめたいイメージが、当たり前のように定着しています。

そもそも子どもを産み出すための行為なら「いいこと」のはずなのに、なぜ「いけないこと」のように扱われているのでしょうか？　そこには、根の深い理由がいくつも重なっています。

一つには、古い時代に男尊女卑の社会構造が作られた時から、跡継ぎを産むための「生殖のための性行為」だけが正しいことで、それにつながらない、ただ喜びや快楽のための性は「ふしだらで、はしたないこと」と非難する考え方が、世界中の多くの宗教や道徳を通して教えられてきた影響とも相まって、現代まで残り続けていることです。

加えて、現代に特有の問題として、性のありようを本来の姿より暴力的に歪めた、不自然なポルノ映像や画像が垂れ流されていることも、イヤらしいイメージを強化する働きをしています。

私は、そんな「性」やセクシャルなことに対する世の中一般のイメージを、「自然で喜びに満ちたもの」へと、ガラリと塗り替えるために、２００２年から「真実の性の語り部」作家として活動を始めました。幸せな性と命の本質を伝える本を書いたり、全国各地で大人にも子どもにも役に立つ、本質的で実践的な講座と個人カウンセリングをしてきました（２０１９年までに訪れた全国の開催地は、31都道府県になります）。

これまで講座やカウンセリングを受けてくださった皆さんが、口を揃えて言うのは、

「今まで、性について本当のことを真面目に話す場がなかったし、話せる相手もいなかった」

「もっと人生の早い段階で、こんな話を聞きたかった」

という言葉です。


多くの大人がわが子に対して、性のことをうまく語れない理由は、大きく分けて3つあります。
①幼い頃から、世間の性に対する「イヤらしい、恥ずかしいもの」というイメージを吸収して育ってきた。自分の親も、その話題は避けていたし、子どもの頃に性に興味を示すと、親からイヤな顔をされたり、叱られたりしたから、自分も話すことに抵抗がある。
②自分も親や先生から、性についてきちんと教わっていないから、どう話していいかわからない。
③（もともとは①、②が原因ですが）自分が性体験であまりいい思いをしていな

いので、触れたくない。

そして、こうした親世代の状況が、今の子どもたちの世代にも、そのまま引き継がれています。

学校でも教えてくれません

まず、今でも親が子どもたちに、性についてきちんと教えてくれない場合が多い。しかも、学校の性教育は、21世紀に入って後退しています。文科省が、学習指導要領の性教育の項目に「性交については取り扱わない」ということを意味する、「歯止め規定」と呼ばれる一文を明記しました(※)。これによって、保健の教科書では、女性の「月経《げっけい》」や男性の「射精《しゃせい》」、そして「受精《じゅせい》」から始まる「妊娠・出産」の仕組みについては教えるけれど、その間をつなぐ行為については省略するという、まるで「ブラックボックス」を生み出すようなことになっているのです。※注：中学生の性教育に関して、「妊娠の経過は取り扱わない」とする一文を加えた。

そこで子どもたちは、欠けている情報を埋めるために、好奇心のままにメディアに出回っているアダルト動画などのポルノ情報を教科書代わりに取り込みます。その結果、性暴力のような行動を、正しいやり方だと信じ込む誤解や、逆に「セックスなんて気持ち悪い」と嫌悪感を植えつけられる事態が起こっています。

これでは将来、幸せな性生活が送れなくなってしまいますよね。

そしてこれは、単に性生活についてだけでなく、本人の人生全体に関わる問題とも言えるのです。

性は、心と体を大きく動かす重要な部分

なぜなら、社会では長い間、全身の中で性に関する部分だけを「恥部」として切り離す扱い方をしてきましたが、その部分は体から切っても切り離せない「私

たちの一部」です。しかもそれは、「心と体を大きく動かす、重要な部分」なんです。その大事な部分を「後ろめたいもの」と考えることは、深いところで「自分自身を卑下《ひげ》している」ことになってしまいます。

よく日本人は自己肯定感が低い人が多いと言われていますが、性に関してネガティヴなイメージを抱いていることも、知らぬ間に自己肯定感を下げる原因となっているように感じます。

それというのも、これまでに私の話を聞いてくれた多くの方々が、性に対する後ろ暗いイメージが明るくポジティヴなものに上書きされて、幸せで温かな性を体験できるようになると、見違えるように自己肯定感が高くなり、それまでは自信がなくて挑戦できなかった仕事やさまざまな活動、人生における思いきった決断などを、次々と実行できるようになる。そんな鮮やかな変化を目《ま》のあたりにしてきたからです。

つまり、自分の性に対して良いイメージが持てるようになると、自己肯定感が

上がります。だから、「性」をどう捉えるかが、その人の人生の幸福感・満足度を左右すると言えるのです。

中年以降の大人でも、ガラリと変わることができるのですから、これから恋愛や性を体験することになる子どもたちや若い人たちの場合は、人生の早いうちから性に対して良いイメージを持っていると、きっと親世代よりも、人生の回り道が少なくて済むことになるはずです。

そんな「**人生を幸せにするための性教育**」を子どもたちに伝えることができたら、大きなギフトになると思いませんか？

私がこれからお伝えする性教育は、生殖器の働きだけを教えるものではありません。

生殖器を含む全身の働きをよく知って、自分を大切にする心を育てるものです。

自分の体を「恥ずかしく思う」のではなく、「誇りを持てるようになる」こと。

それは決して、商業メディアで「カッコいい」と褒《ほ》められるような、ファッションモデル体型やマッチョ体型になってSNSで自慢できるといった意味ではなく、自分の命の働きを「よくできているなぁ」と肯定できるようになることです。

性の営みも、ただ体だけの関係ではなくて、体と心が一つに働き合って、いわば「全身全霊」が関わり合う行為なんだということがわかること。すると、自分の体も、他者の体も大切にできる、尊重できる心が育つことでしょう。

子どもたちの人生をより豊かにするために

最近では、現在の性教育の欠点を知る医療や教育現場の人たちによって、性感染症、性暴力、望まぬ妊娠など、性にまつわるトラブルを未然に防ぐための、正しい知識を伝えようとする取り組みも盛んに行われています。こうした知識も、これからは「衣食住」と同じように、誰にとっても大切な「基礎的な生活情報」

として知っておく必要があるでしょう。

同時に、医学的な知識を学ぶだけでなく、性が私たちの心や人生にとって、どんな働きをするのかを理解して、**性に対するイメージを良いものにすることが、幸せな性を体験し、人生を豊かにするためには欠かせません。**

本書では、その両方について幅広くお伝えしていきます。

本書を通じて、まず大人から、自分の性に対する知識とイメージを上書き修正して、幸せにつながる良い情報を子どもたちに伝えてほしい。そして、次の世代の人たちが、**性を「イヤらしい」ものでなく「自然なもの」として捉えられる感受性を育てていきましょう。**

私は、そのお手伝いをしたいと思っています。

思春期の皆さんへ

「性」を学ぶことは、「自然」について学ぶことと同じ

あなたが生まれた時から、いつの日か死を迎えて、この世を去る時まで、一生つき合っていくのが、自分の体。

ご飯を食べて「おいしい」と感じるのも、お風呂に入って「気持ちいい」と感じるのも、大好きな人と手をつないで「幸せ」と感じるのも、すべて、この体があるからこそ味わえる喜びです。

ただ、面白いことに、体はみんなが同じ形をしているわけではありません。これは、一人一人が違うという話ではなく、大きく分けて、女の人と男の人では、

体の形が少し違います。そのことは、あなたがもっと小さかった頃から、お母さんやお父さん、そのほか家族の誰かと一緒にお風呂に入ったり、服を着替えたりする中で、自然とわかっていたことでしょう。

つまり、人の体は、大人になっていくと性別によって、「違う形」に分かれていくようにできています。そして、なぜ違う形になるのかといえば、それぞれ「違う仕組み」に分かれていくからです。形が違うのは、見ればわかることだけど、「違う仕組み」とは、何のことでしょうか？

実は、私たちの体が、今あるような形になっているのには、ちゃんと意味があって、その形だからこそ果たせる役目というものがあるのです。

つまりそう、**「性」について学ぶことは、ほかでもない「自分の体」を、もっと深く知ることなんです。**

女性と男性で違っている体の仕組みと、その役目を知ると、私たちの体になぜ「性」というものがあるのかが、よくわかります。

でも、友だちに「性」のことを話そうとすると、「エロい」「キモい」と恥ずかしがられたり、家族にしてもきちんと答えてくれない人のほうが多いかもしれません。それは、私たちの体の中でも、衣服に包まれて隠れている部分についてのお話だからかもしれません。

だけど、そんなふうに自分の体の一部を「キモい」「イヤらしい」などと思うことは、自分の体を「侮辱《ぶじょく》している」ことになってしまいます……！

自分の体を「恥ずかしい」と思っていると、知らず知らずのうちに周囲に引け目を感じるようになったり、どこか自信が持てない人になってしまいます。何か自分がやりたいことをやろうとする時に、勇気が出なくなることもあります。できれば、そんな大人には、なりたくないですよね？

自分の体は「恥ずかしい」ものではない

あなたも今までに、緑豊かな野原や、青々と広がる海の景色を見た時に、「自然ってキレイだな、美しいな」と思ったことがあるのではないでしょうか？

私たちの体も、野原や海と同じように、自然の力で産み出された、「美しい自然」の一部です。

だから、**性について学ぶことは、私たちをこの世に産み出してくれた「自然の力」について学ぶことでもあるのです。そう考えたら、なんだかワクワクしませんか？**

実は、あなたを産んで育ててくれたお母さんやお父さんでさえ、「性」の働き方については、あなたと同じくらいの年齢の時はあまり教わったことがなくて、よく知らなかったことがたくさんあるのです。そして、もっと早くに知っておきたかったと言う人がほとんどです。

ですから、そんな、今まで大人でもよく知らない人が多かった、「性」と「命」の本当のお話を、大人になる前から知っていたら、あなたのこれからの人生で必ず役に立つはずです。

はじめは、この本でお話しすることの全部の意味がわからなくても大丈夫です。なにか少しでも、

「体って、こんなによくできてるんだ……！」

とわかったら、きっと自分の体のことが誇らしく思えて、大切にできるようになるでしょう。そのほうがきっと、幸せな大人になれるはずです。

もくじ

はじめに　大人の皆さんへ
「性」のイメージが良くなると、自己肯定感が上がります　1
学校でも教えてくれません　5
性は、心と体を大きく動かす重要な部分　6
子どもたちの人生をより豊かにするために　9
思春期の皆さんへ
「性」を学ぶことは、「自然」について学ぶことと同じ　11

自分の体は「恥ずかしい」ものではない 14

第1章 大人の体になるって、どういうこと？

赤ちゃんから子どもの体、大人の体へ 24
自分の体を守れることが、大人の条件！ 28
知っておきたい私たちの【プライベート・ゾーン】 30
胸のふくらみの中身はなぁに？ 36

はじめは男も女も同じ体だった？　39

第2章　大人も知らない？女性と男性の生殖器のトリセツ

女性の生殖器①外から見える「外性器」　44
自分の外性器を見てみましょう　49
女性の生殖器②お腹にしまってある「内性器」　53
卵子──女の子は〝赤ちゃんの卵〟を持っている　56
月経はめんどくさい？　61

女性の体は「月の満ち欠け」のリズムで変化する 63
「月経」と「排卵」の前と後で、女性の体は切り替わる 69
月経を快適に過ごすアイデア 80
生理用ナプキンがなかった時代の女性は、困らなかったの？
——「骨盤底筋群」と月経血コントロールの話 90
男性の生殖器の働き方 96
【精通】は生まれて初めて【射精】が起こること 108
精子——〝赤ちゃんのタネ〟 111
性の発育には個人差がある 112

第3章 男女が結ばれるって、どういうこと？

陰と陽――体の中にある正反対の性質 118
【セクシャルマイノリティ】って、どんな人たちのこと？ 123
大人の女性と男性が結ばれること 129
昔の人が残した「まぐ合いは神聖なもの」という思い 133
精子は「生存競争」じゃなく「チームプレイ」をしていた！ 140

第4章 「幸せな性」を体験するために必要なこと

人間のまぐ合いが、動物の交尾と大きく違う点 144
安全で代表的な「避妊」の方法 153
妊娠した場合の選択肢 156
性のエネルギーは「生命力」の表れ 163
なぜAV（アダルトビデオ）・ポルノ動画は要注意なのか？ 177
ノーベル平和賞が取り上げた「性暴力」 185

男の子も「性暴力」で傷ついている　193
「幸せな性」は、お互いの気持ちが一致していることが条件　195
まとめ　200
終わりに　性暴力とセックスレスは同じ根っこでつながっています　203

装幀　三瓶可南子
カバー・扉イラスト　和全（Studio Wazer）
イラスト　大野智子
本田みや

第1章

大人の体になるって、どういうこと？

赤ちゃんから子どもの体、大人の体へ

私たち人間を含む大多数の生き物は、みんな最初は赤ちゃんの形で生まれてきます。

生まれた時から大人だった人は誰もいません。

ほとんどすべての動物や植物は、まず赤ちゃんの形で生まれてから、時間をかけて子どもの体になり、大人の体へと変化していきます。

子どもから大人になるまでにかかる時間は、生き物の種類によっていろいろ違いますが、人間の場合は、10代（10～19歳）の間に、体が「大人の形」へ変わっていくようにできています。生まれてから10年以上の長い時間をかけるのです。

では、「大人の体になる」とは、いったいどういうことでしょうか？

それは、体が大きくなるといった、見た目の変化だけではありません。子どもの時にはお休みしていたさまざまな「体の働き」が、目を覚まして全部動き始めるのが、「大人の体」になったしるしです。

動物でも植物でも、命ある生き物は、自分が死んでも子孫が残るように、「自分の子どもをつくれる仕組み」を体の中に持っています。大人の体になるということは、その「子どもをつくれる仕組み」ができてくる、ということが一番大きな変化です。

といっても、大人になっても、全員が子どもをつくるわけではありません。実際に子どもをつくる・つくらないは別として、私たちが生まれ持った「性」のタイプ（女性・男性という「体の性別」）によって、「体の健康を保つ仕組み」が違うものに分かれていくのです。

つまり、女性と男性では、体を健康に保つ仕組みが、少し違うルールで動いているということなんです。面白いですよね。

自分の体は、どんなふうにできているんだろうって、興味が湧いてきましたか？　それは、とってもいいことなんです。今から、その理由を説明しましょう。

私たちが、体が大きく育つといった見た目の大人らしさだけではなく、本当の意味で「一人前の大人」になるために、覚えておきたい大切な心構えがあります。それは、**「自分の体のお世話をする責任者は自分」**だということです。

皆さんが、赤ちゃんや幼稚園生ぐらいの小さな子どもだった頃、皆さんのお母さんやお父さん、周りの大人たちが、あなたの体のお世話をしてくれていましたよね。

「体のお世話」って、どういうことかと言うと、**「いつもなるべく体が居心地がいい状態でいられるように、面倒を見てあげること」**なんです。

例えば、赤ちゃんに対して、

大人の体になるって、どういうこと

①「自分の子どもをつくれる仕組み」ができてくる。
②「自分の体のお世話をする責任者」は自分になる。

⬇

いつもなるべく居心地がいい状態でいられるように、
面倒を見てあげること。
例えば、赤ちゃんにしてあげる
（自分が赤ちゃんの時にしてもらった）お世話を自分にする。

「おしっこやうんちをしておむつが濡《ぬ》れて気持ちが悪いから、清潔なおむつに取り替えてあげよう」とか、

「お腹が空いて元気が出ないから、おっぱいや栄養のあるご飯を食べさせてあげよう」とか、

「体が冷えているから、暖かい服を着せてあげよう」というのも、そうです。

自分の体を守れることが、大人の条件！

大人になるということは、自分にとって何をしたら「**快適で、気持ちがよくて、居心地よくいられる**」のか。その反対に、何をしたら「**不快で、気持ち悪くて、居心地悪くなる**」のか――ということを、自分でよくわかって、快適になるほうを選べることです。

それが、せっかく生まれてきた「**自分の体を大切にする**」ということです。

そして、何が快適で、不快なのかということを、自分でわかるだけでなく、他の人にも正確に伝えることができるようになること。それが、**「大切な自分の体を守ること」**になるんです。

例えば、病気やケガをして体が不自由になった時、自分の体のお世話を、他の人に手伝ってもらう場合があります。そんな時でも、何が「快適」で、「不快」なのかを、他の人に伝えてあげることは、自分にしかできません。これは普段の生活をしている時でも同じです。

だから、**「自分の体の責任者は自分」**なん

何が快適で、不快なのか――
自分でわかり、他の人に伝えられるように！

だ、ということを覚えておいてください。

これを、今は子どもの年齢の皆さんでも、体が完全に大人の形に変わる前から、心がけて練習しておくようにしましょう。

そのために、まず自分の体について、よく知っておくことから始めましょう。

知っておきたい私たちの【プライベート・ゾーン】

私たちが、自分の体の快適さを守るために、覚えておきたいことがあります。

【プライベート・ゾーン】という言葉を聞いたことがありますか？

プライベートというのは、英語で「私的な、他の人が入れない」という意味です。

具体的には、こちらの3つの部分を指します。
①口　②胸　③性器（生殖器）――です。

なぜ、全身の中で、この3つがプライベートな場所とされているのでしょうか？

それは、この部分が、**体の他の部分に比べて、特に私たちの「心とつながりやすい場所」**だからだと言えます。

本当かな？　と思ったら、今ここで実験をしてみましょう。

自分の手の平を、順番に①口・②胸・③性器の上に（服の上から）、とてもゆっくり、そうっと優《やさ》しく当ててみてください。

——どんな感じがしましたか？

次に、同じように手の平を、腕や脚の上にも当ててみて、感じ方を比べてください。

——どうでしょうか？

おそらく、プライベート・ゾーンが、体の他の部分と違って、「特に心とつながりやすい」感じがわかったのではないでしょうか。

だからこそ、本人が「いいよ」と同意していないのに、他の人が「勝手にさわ

知っておきたい「プライベート・ゾーン」

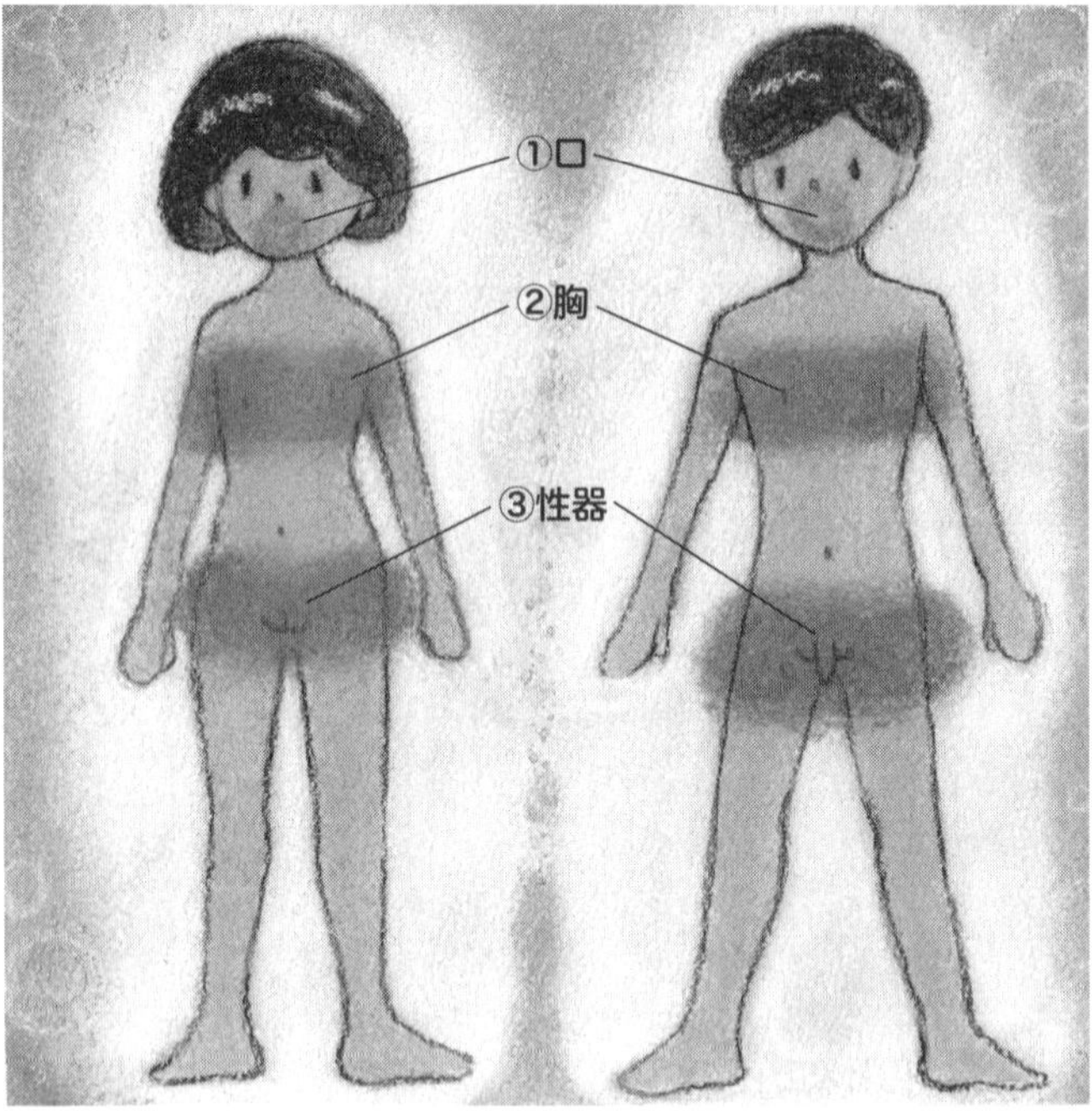

プライベート・ゾーンは
子どもをつくる働きを持つ部分であり、
心とつながりやすい場所

⬇

相手が誰でも、勝手にさわるのは失礼

⬇

不快な場合は、はっきり「イヤだ」と伝えること！

ることは失礼」になるのです。

例えば、痴漢《ちかん》は法律で犯罪とされていますが、それは、このプライベート・ゾーンに他の人が勝手に侵入することだからです。

また、痴漢のように知らない人からさわられるだけでなく、その相手が知っている人の場合でも同じで、犯罪となることがあるのを知っていますか？　それだけ、人を傷つける可能性が高い部分だということです。

だから、相手がもし、よく知っている人や仲がいい人であっても、自分のプライベート・ゾーンを勝手にさわることを許さなくていいのです。相手がどんな人であっても、自分の大切な部分を守るのはあなたしかいないのですから、遠慮しないではっきり「イヤだ」と伝えること

が大切です。

大人のための解説

今の親世代が子どもの頃には教わることがあまりなかった、「プライベート・ゾーン」という考え方。

これは元々、アメリカ生まれの「子供への暴力防止のための予防教育プログラム」（ＣＡＰプログラム。日本での活動法人は１９９５年設立）などを通して広まっていった伝え方です。

性についてまだよくわかっていない年齢の子どもたちが、何をされているのかわからないまま、性暴力や性虐待《ぎゃくたい》に遭《あ》うことがないよう、自分の身を守るための知識を伝える必要から生まれたもので、狙われやすい「性と関わりが深い部位」をピックアップして、「守るべき大切な場所」として子どもたちに教えているわけです。

日本では、性被害に遭いやすい体の部位を、「水着で隠れる場所」と教える指導法もありますが、それではキスにもつながる口の部分と、男の子の胸が含まれないことになります。

水着で隠れていない口について、性器と同じように「体の内側につながる、命に関わる場所だから」と説明する教え方もありますが、では、男の子の胸は、気にしなくてよいのかどうか？　と迷うところでしょう。

私自身は、男女共に3つの場所をプライベート・ゾーンとしたほうがよいと考えています。

その理由は、この3カ所に、私たちの性的な感覚を起こさせる神経が集中していること。

さらに言うと、実は東洋医学でいう「気」も集中していることからです。

そのため、これらの部位に触れられると、男女問わず、「自分の境界線の内側に入ってこられた」という感覚を、体の他の部位に比べて強く感じるはずです。

31ページでお伝えした「実験」は、それを確認してもらうために考えたものです。そこで、「特に心とつながりやすい場所だから」という伝え方を新たに提案しています。

さて、子どもたちにそう教えたからには、親や指導者たちも、子どものプライベート・ゾーンを、軽々しくさわらないように気をつけることが大切です。わが子でも、つい自分のもののように扱ってしまうことがないよう、一人の独立した人間として、相手の体を尊重する意識を持って、接していきましょう。

胸のふくらみの中身はなぁに？

プライベート・ゾーンの中で、②胸と③性器は、女性と男性で形が違っていますよね。

胸の中には、「乳腺《にゅうせん》」という、細かく枝分かれしたチューブのようなものが、

胸のふくらみの中身は？

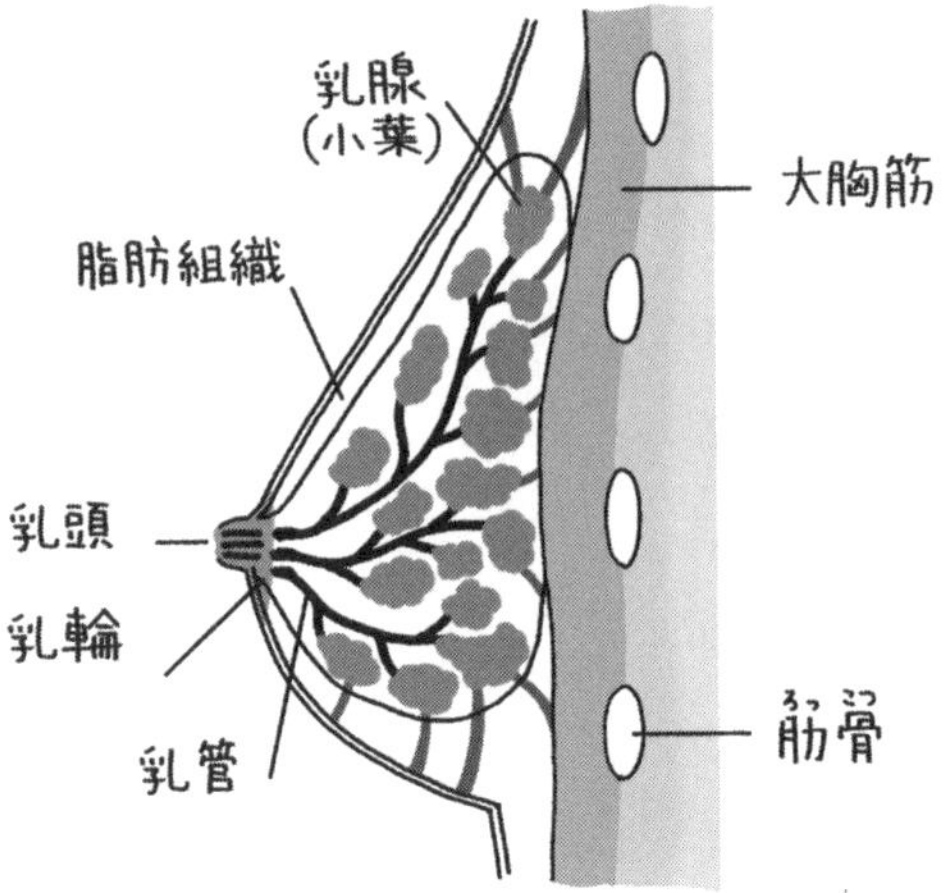

①乳腺＝おっぱい（乳汁）が作られるチューブ
＋　　のようなもの（小葉と乳管）
②脂肪

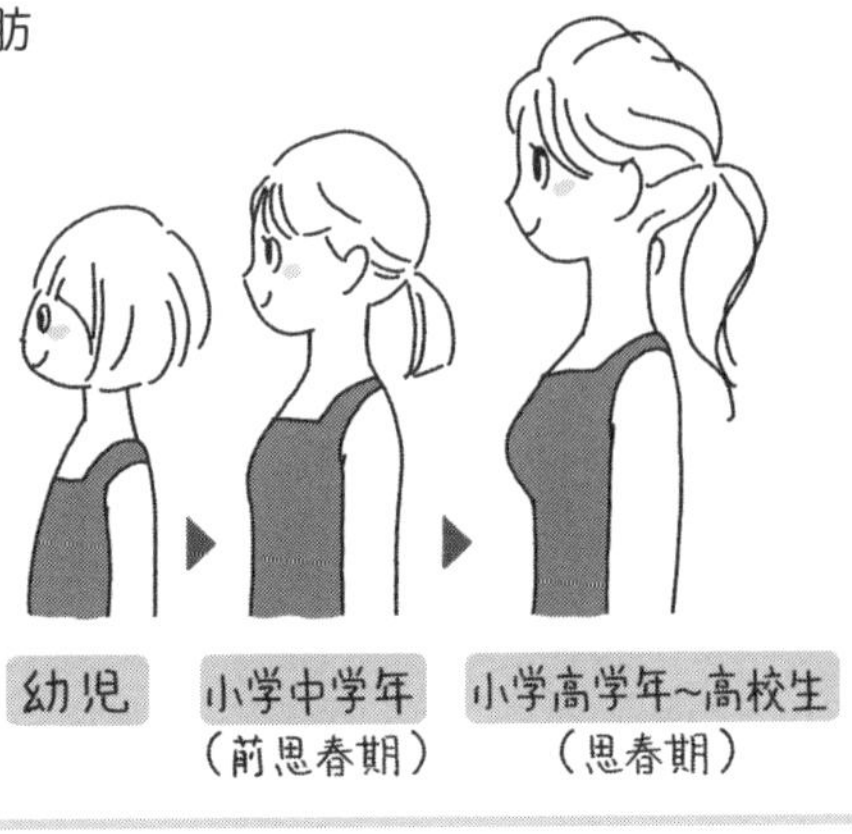

たくさん入っています。女性が子どもを産んだ後、この乳腺が、おっぱい（乳汁《にゅうじゅう》・母乳《ぼにゅう》）を作る役目をします。

女の子が思春期（11歳〜17歳頃）を迎えて、体の中で「女性ホルモン」がたっぷり作られるようになると、その刺激で乳腺が大きく成長を始め、乳首も大きくなってきます。このため、まだバストがふっくらふくらむ前の年齢（「前思春期」の小学校3年、4年頃）から、乳首の周りが硬くしっかりし始めてくるのがわかることがあります。

さらに、大切な乳腺を守るために、これも女性ホルモンの働きで、乳房の体脂肪が増えてきます。

ちなみに、胸のサイズが大きい・小さいという違いは、脂肪のつき方の個性によるものです。一人一人の顔が違うのと同じで、人と比べて「自分のはおかしいかな」と思わなくて大丈夫。また、大きさの違いは、赤ちゃんにあげるおっぱいがよく出るかどうかには関係ないので、その点も心配しないようにしてください。

さて、そこで一つ質問です。

男性の胸は、おっぱいは出ないのに、なぜわざわざ女性と同じように乳首があるのでしょうか。使わないのに何のためについているのか、疑問に思ったことがある人はいませんか？

その答えは、私たちが生まれる前、お母さんのお腹の中にいる時にあります。

胸の大きさは脂肪のつき方の違い（個性）
母乳の出方には関係ない！

はじめは男も女も同じ体だった？

私たち人間の体は、一番最初はどんな形をしていたか知っていますか？

私たちの命は、母親からもらった丸い「卵子《らんし》」と、父親からもらった細長い「精子《せいし》」が一つに合体して、「受精卵《じゅせいらん》」になった時から始まります。ですから最初は、受精卵のまん丸な形だったんですね。

お母さんのお腹の中で、はじめは丸い卵だったものが、やがてエラやヒレ、しっぽがある小さな魚のような形になり始め、次にヒレが腕に変わって、爬虫類《はちゅう》のような形に変わるという、まるで動物の進化の歴史をたどるように成長していきます。1カ月くらいかけて、ようやく人間らしい体になるのですが、はじめのうちは女性も男性もまったく同じ形をしているんです。

左ページ右下の図は、受精から50日経《た》った時の胎児《たいじ》の体です。身長は約1cm、体重は4gで、さくらんぼ1粒くらいの大きさです。この時までは、まだ男性も女性もみんな同じ体の形をしていて、体の性別が分かれるのは、この後からなのです。

それで、私たちの体には、異性と同じものが少し形を変えて残っています。男性の胸に乳首があるのは、女性と同じ体だった頃の名残《なごり》なのです。

命の始まりは、男も女も同じ体

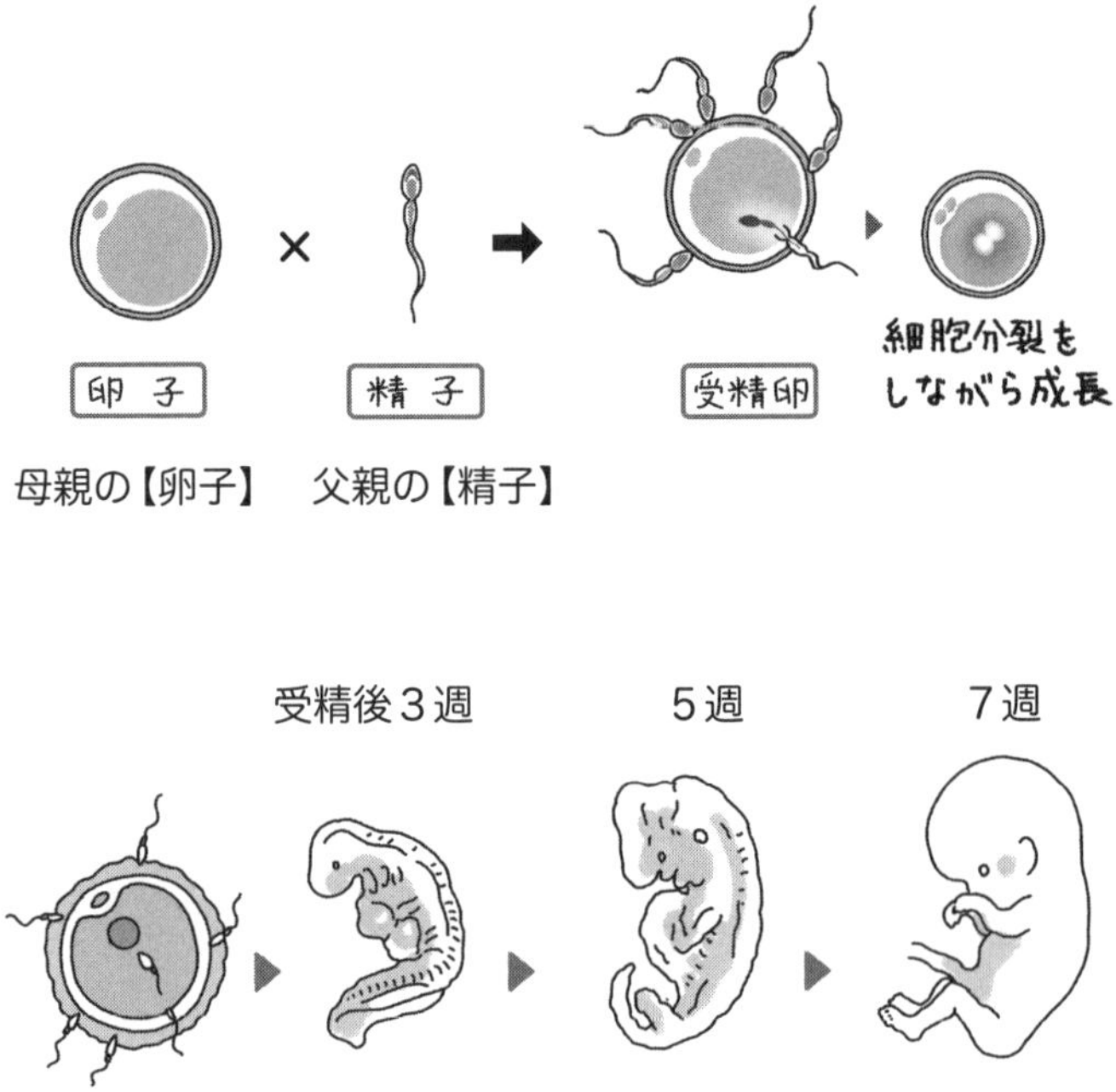

お腹の中で、命が誕生した時は
まだ性別はなく同じ形になっている！

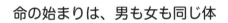

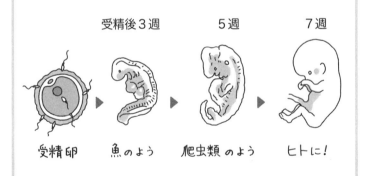

だから、実は男性の胸の中にも乳腺はあります。ただし、男性の体の中では「女性ホルモン」が少ししか作られないから、胸がふくらむようなことはめったに起こらないんですね。

はじめは同じ形をしていた体も、性別を決める遺伝子の働きで、違う形に分かれていきます。

実は、性別が分かれる前の基本的な体は、みんな「女性型」をしているのですが、男性の遺伝子を持っていると、途中から性器が男性の形に変わり始めます。

さらに、その性器から「男性ホルモン」がたくさん作られるようになり、脳が男性ホルモンをたっぷり受け取ると、その刺激で、脳も「男性的な働きをする仕組み」（＝「男性脳」とも言われています）に変わっていくのです。

第2章

大人も知らない？女性と男性の生殖器のトリセツ

次に、プライベート・ゾーン③の性器（生殖器）について説明します。ここが子どもをつくる働きに関係している「大切な場所」なので、詳しく知っておきましょう。

女の子の方が、男の子より早めに大人の体に変わる人が多いので、先に女性の生殖器からお話しします。

男の子は、自分のことではないから、少し退屈に思う人もいるかもしれません。でも、将来、女性と恋愛や結婚をする時や、一緒に生活する時に、自分と違う相手の体のことを知っておくことは重要です。相手を大切にしてあげることができますし、きっと相手からも感謝されるので、仲良くつき合うための役に立ちますよ。

女性の生殖器① 外から見える「外性器」

女性の生殖器は、2つの部分に分かれています。

体の外から見える【外性器】と、お腹の中にしまってある【内性器】です。
まずはじめに、外性器のお話をします。

女性の体は、体にあいている出口が、男性より一つ多くあります。
尿（おしっこ）が出てくる【尿道口《にょうどうこう》】と、大便が出てくる【肛門《こうもん》】の間に、赤ちゃんが産まれてくる出口となる【膣口《ちつこう》】があります。

47ページの図は、位置関係などがわかるように脚を開いた状態として描いていますが、ふだんはこの部分はピタッと閉じて隠れています。脚を閉じている時には、尿道口と膣口は、【大陰唇《だいいんしん》】と呼ばれる、股の間のふっくらした肉のふくらみに囲まれて守られています。

さらに、大陰唇の内側には、尿道口と膣口の周りの皮が、舌のように少し飛び出した形になった部分があります。これは【小陰唇《しょういんしん》】と呼ばれています。

外性器の真ん中あたりに見える、きれいな丸い形をした小さな穴は、尿が出てくる【尿道口】のほう。

【膣口】は、尿道口よりも下にあって、ふだんは閉じているので、穴というよりも、細長い割れ目のようです。こんなに狭くて小さな口が、出産の時には、直径10cmもある赤ちゃんの頭が通れるほど大きく開くのは、不思議だと思いませんか？　それは、膣口の筋肉が、ちょうど入れ口をしぼった巾着袋《きんちゃく》のように、大きく広がることも、小さくきゅっと縮めることもできる仕組みになっているからなのです。

尿道口の上には【陰核《いんかく》（クリトリス）】という、小さな豆のような部分があります。

第1章で、男の子の胸にも乳首があるのは、胎児の体がつくられる途中までは男女の区別がなく、同じ形だった名残だというお話をしました。この陰核は、その反対の場所なんです。

実はクリトリスは、もし男の子に生まれたら、男性器、男の子のおちんちんに

女性の生殖器 ①「外性器」

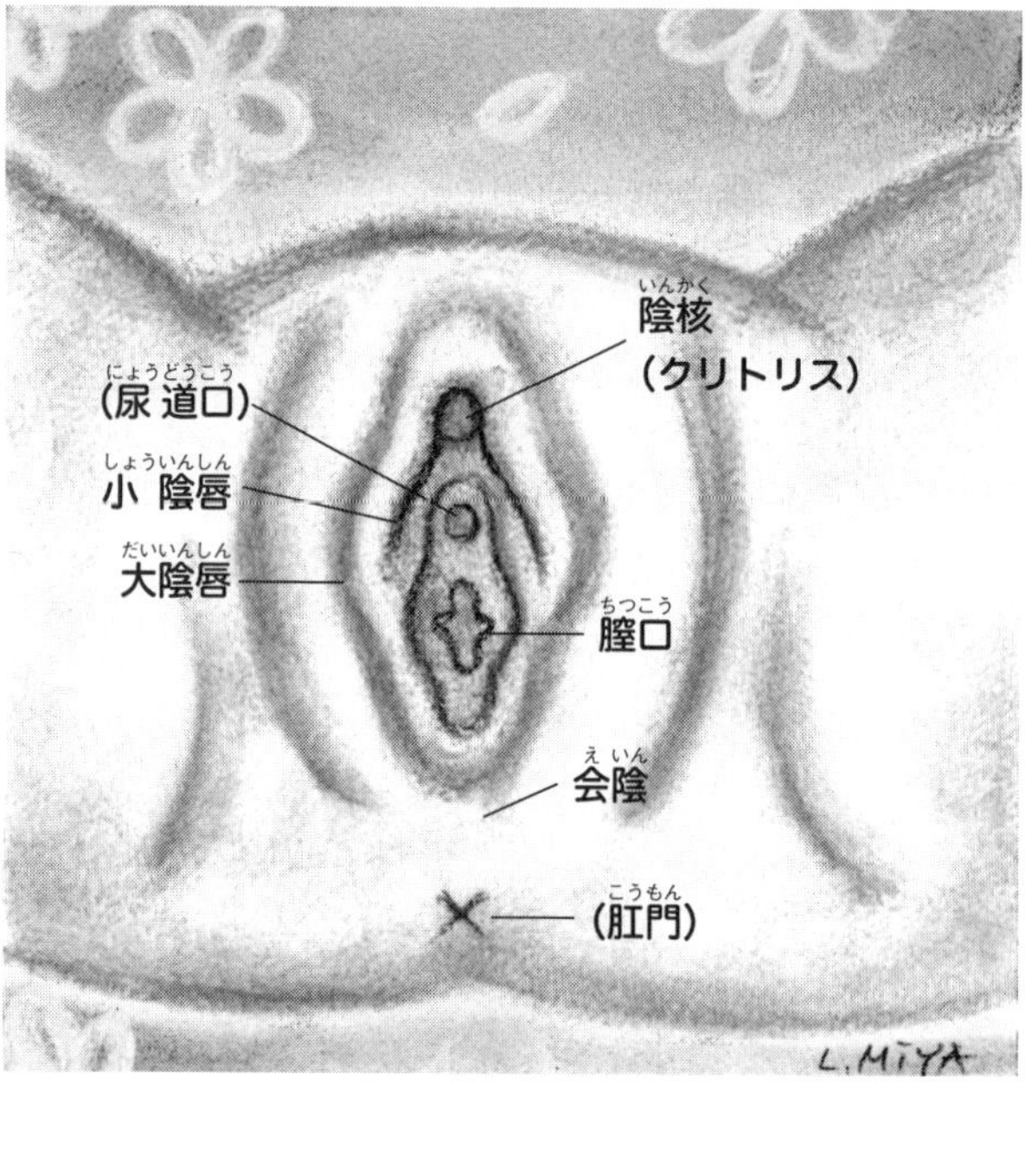

膣口《ちつこう》……赤ちゃんが産まれてくるところ
◎デリケート・ゾーンは清潔にしておく
×ゴシゴシ強くこすらない
×除菌タイプのボディソープは使わない
○お湯だけ洗いでも OK

なる予定だった部分なのです。そのため、とても敏感にできていて、さわったりして刺激をすると、「勃起《ぼっき》」（ふくらんで立ち上がること）をするようになっています。この時に、「気持ちいい感じ」がすることが多くあります。

こうして外性器の全体を見ると、人の姿のようにも見えませんか？　昔は、男性が女性器を見る時に「観音様を拝む」という言い方をしていたこともあったそうです。

ふだん隠れて見えない場所なので「恥ずかしい」とか、おしっこやうんちが出る場所が近いので「汚いかな？」というイメージがあるかもしれませんが、ここから新しい命が生まれてくるのですから、本当は「尊い場所」というイメージのほうがふさわしいと言えます。

でも実際には、大人の女性でも、自分の外性器をちゃんと見たことがない人が結構多いのです。

これまで私の大人向け講座に参加してくださった受講生に聞いても、半分以上の人がそうでした。

自分の外性器を見てみましょう

そこで、今から女の子と、お母さん、女性の皆さんに宿題を出します。

いつでもいいので、お風呂に入った時に、鏡を使って、自分の外性器の姿をよく見てあげてください。

前の女性器のイラストでは見やすいように白っぽく描いてありますが、実際には女性ホルモンの働きで、黒髪にも含まれている成分（メラニン色素）がここに集まってくるため、少し黒っぽい色になっています。黒っぽいから汚れているわけじゃなくて、それが自然なんです。

また、小陰唇の形も、右と左の形が違っていたり、しわしわになっていたりします。

でも、顔が一人一人違うように、性器の形も個性があるので、自分の形はおかしいんじゃないか？　なんて気にする必要はありません。人から見えない場所に、もう一つ「自分の顔」がある、と考えてみましょう。

　外性器のことを、別の言葉で「デリケートゾーン」とも言います。これは、「傷つきやすくて、大切に扱わないといけない場所」という意味です。ふだんの自分のデリケートゾーンの状態をよくわかっていると、病気になった時にも、すぐ異常がわかるので、自分の体を守ることにも役に立ちます。

　デリケートゾーンはなるべく清潔にしておきたいのですが、洗う時に注意してほしいことがあります。この部分は、他の部分より傷つきやすい薄い皮膚と「粘《ねん》膜《まく》」でできているので、タオルやスポンジでゴシゴシ強くこすらないこと。手で

優しくなで洗いしましょう。また、もともとばい菌が入らないように、「デーデルライン桿菌《かんきん》」（乳酸菌の仲間）という、体を守ってくれる良い菌で守られているので、殺菌タイプの薬用ボディソープなどで洗い流さないようにしてください。石けんなしでお湯だけ洗いでも大丈夫ですが、汚れやにおいが気になる時は、デリケートゾーン専用に作られた石けんや洗浄剤を使ってみてください。

大人のための解説

一般的な簡略化された図解と比べて、自分の外性器の形は変わっているのかと心配する人もいますが、小陰唇の形や大きさは、左右非対称であることが普通です。ほとんどの場合は、人それぞれの個性として、気にする必要はありません。

ただし、もし小陰唇がかなり大きく飛び出しているせいで、自転車をこぐ時にこすれて痛むなど、日常生活に支障がある場合には、病院で小さくすることもできるので、病院の婦人科やレディースクリニックなどで相談してみてください。

膣の内部や外陰部は、口の中と同じようにデリケートな粘膜でおおわれていま す。傷つかないよう保護するために、少しとろみのある透明な「膣液《ちつえき》」が分泌されています。

膣や外性器がしっとり潤って、乾燥しない状態であることが、女性の全身の健康につながります。

膣液は、排卵の時には、精子を受け入れやすくするために、粘度が高まって、ドロッとした卵白状になります。これが、いわゆる「おりもの」です。膣液には、前出の乳酸菌の仲間であるデーデルライン桿菌が含まれているので、少々甘酸っぱいにおいがするのは正常です。

ただし、おりものの状態を見て、においや色に明らかな異常を感じた時には、感染症などの病気の可能性があるので、婦人科を受診しましょう。

女性の生殖器②お腹にしまってある「内性器」

次に、お腹の中にしまってある女性の【内性器】を見てみましょう。

赤ちゃんが中に入って育つ袋である【子宮《しきゅう》】は、おへそよりだいぶ下の方にあります。

妊娠していない時の、ふだんの子宮の大きさは、大人の女性で約7㎝（幅は約4㎝）くらい。ニワトリの卵に近い大きさで、自分のこぶしよりも小さいと思ってください。それが、妊娠して赤ちゃんが産まれる直前には36㎝くらいまでふくらむので、かなり大きく伸び縮みできることがわかります。

子宮と体の外をつなぐ、狭いトンネルのような筋肉でできた通路を【膣《ちつ》】といいます。陰《かげ》に隠れている部分なので【女陰《じょいん》】と呼ばれることもあり、医学用語では【ヴァギナ】ともいいます。

女性の生殖器 ②「内性器」

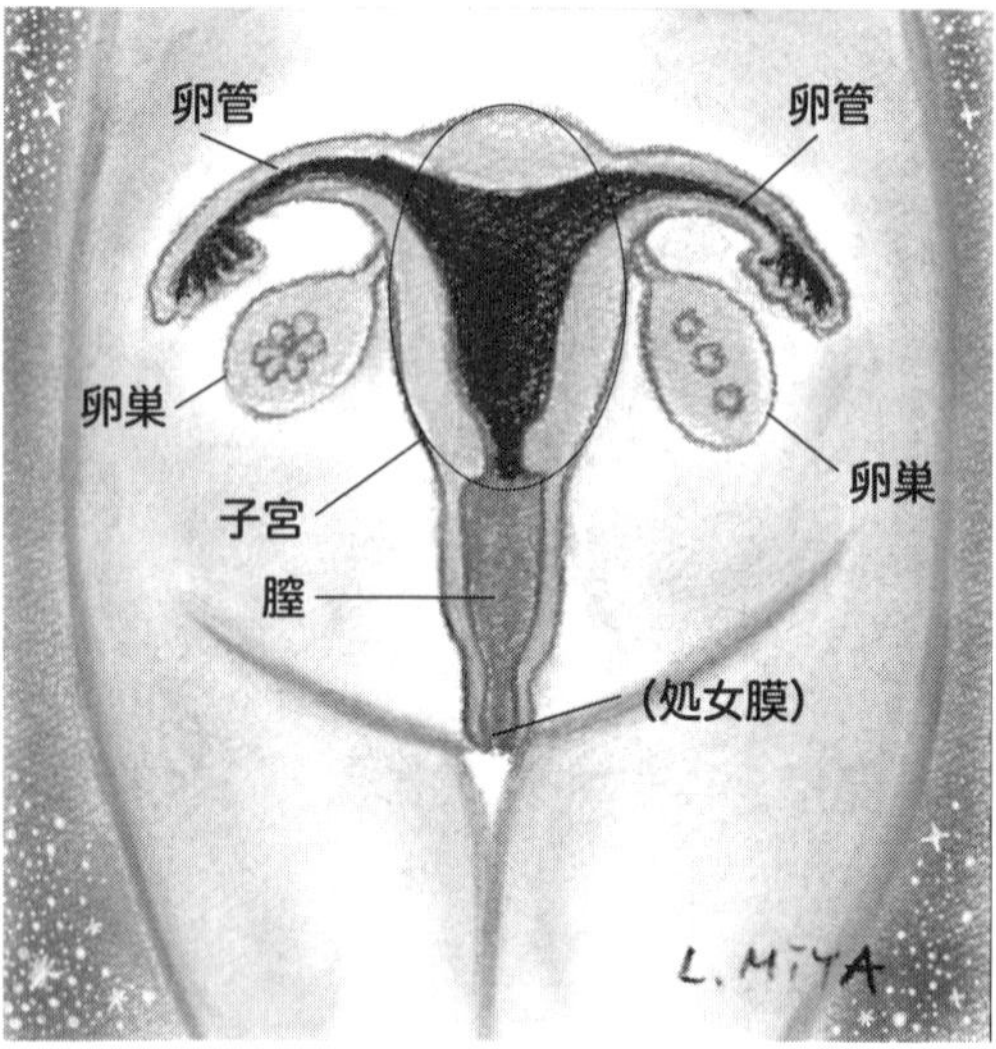

子宮《しきゅう》の大きさは平常時でおよそ7㎝
➡妊娠・出産の時は、30㎝以上になる

卵巣《らんそう》の大きさは2〜3㎝

膣《ちつ》（ヴァギナ）……女陰《じょいん》、大和言葉でほと（かまどの意味）

子どもの頃は、この出口からすぐの浅い所に【処女膜《しょじょまく》】と呼ばれる薄いヒダが、ぐるっと中心を囲むドーナツの形に飛び出しているため、ヒダの部分だけ通路が狭くなっています。でも、このヒダは年齢と共にだんだん薄くなっていきます。（第3章で、もう少し詳しくお話しします）。

古い日本の「人和言葉《やまと》」（日本で漢字が使われる前からあった、古来の言葉）では、膣のことを【ほと】と呼んでいました。

これは、「火処」とも書き、かまどのようなところ。つまり、女性の内性器は、かまどのように「ぽかぽかと暖かい場所」だということなんです。

女性の健康にとって、腰回りのおへそからお尻にかけて、パンツで包むゾーンを冷やさないように暖かくすることが大切なのが、この言葉

かまど（火処・ほと）

からもわかります。

子宮の両側に【卵巣《らんそう》】という2つの袋が付いています。

卵巣の大きさは3㎝くらい。親指の半分くらいの大きさですが、その小さな卵巣の中に、赤ちゃんの卵になる【卵子】のもとが数十万個も入っています。

では、次にその「卵子」について、ビックリするようなお話をしましょう。

卵子――女の子は〝赤ちゃんの卵〟を持っている

「赤ちゃんの卵」と言える「卵子」の直径は約0・1㎜。これは、肉眼でもギリギリ見える、小さな点ぐらいの大きさです。

実は、女性の皆さんは、体の中にたくさんの「卵子のもと」を持って生まれてきます。生まれる前の胎児の時には、女の子の卵巣には、最大で卵子のもとが約700万個も作られるそうです。それが、なるべく良い卵子だけを残して、どんどん数が減っていき、生まれたばかりの時は、約200万個の卵子のもとが卵巣の中に残っています。そして、思春期までに、20万〜30万個まで数がしぼられてから、月経が始まります。この生まれて初めての月経を【初経《しょけい》（初潮《しょちょう》）】といいます。

月経が始まると、【卵胞《らんぽう》】と呼ばれる分厚い膜に包まれて、よく育った卵子が、ふつうは毎月1個ずつ、「卵巣」の表面を突き破るようにポン！　と飛び出してきます。これを【排卵《はいらん》】といいます。

卵巣の外へ飛び出してきた卵子は、子宮から伸びている【卵管采《らんかんさい》】という、ふさふさした手袋のような部分にうまいことキャッチされ、【卵管】の中へ吸い込まれていきます（この時、キャッチされずにこぼれてしまった場合は、卵子は体内で分解されてタンパク質となり、体に吸収されます）。

この卵子が、もし卵管の中で精子と結びつくと（受精）、妊娠する可能性があるので、子宮の中では、これから妊娠しても大丈夫なように、子宮の内側の【子《し》宮《きゅう》内膜《ないまく》】がフカフカのじゅうたんのように厚くなって、妊娠の準備をします。

排卵～月経の仕組み ①

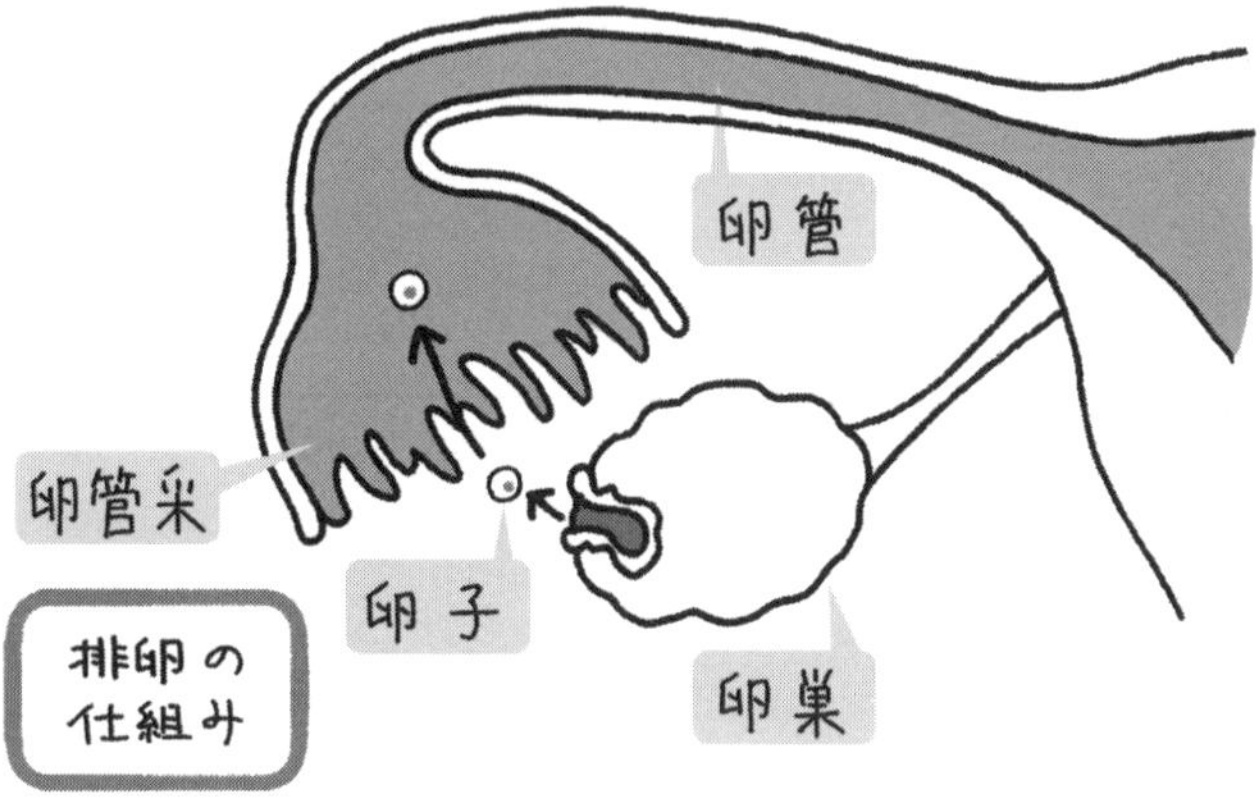

①胎児の時……卵子のもとが約700万個も作られる！
②出生時……卵子の数は約200万個
③思春期……約30万個に！

【排卵】

④初経の頃～
　毎月およそ１個ずつ、卵胞に包まれた卵子が
卵巣から飛び出して子宮へ移動する

排卵〜月経の仕組み ②

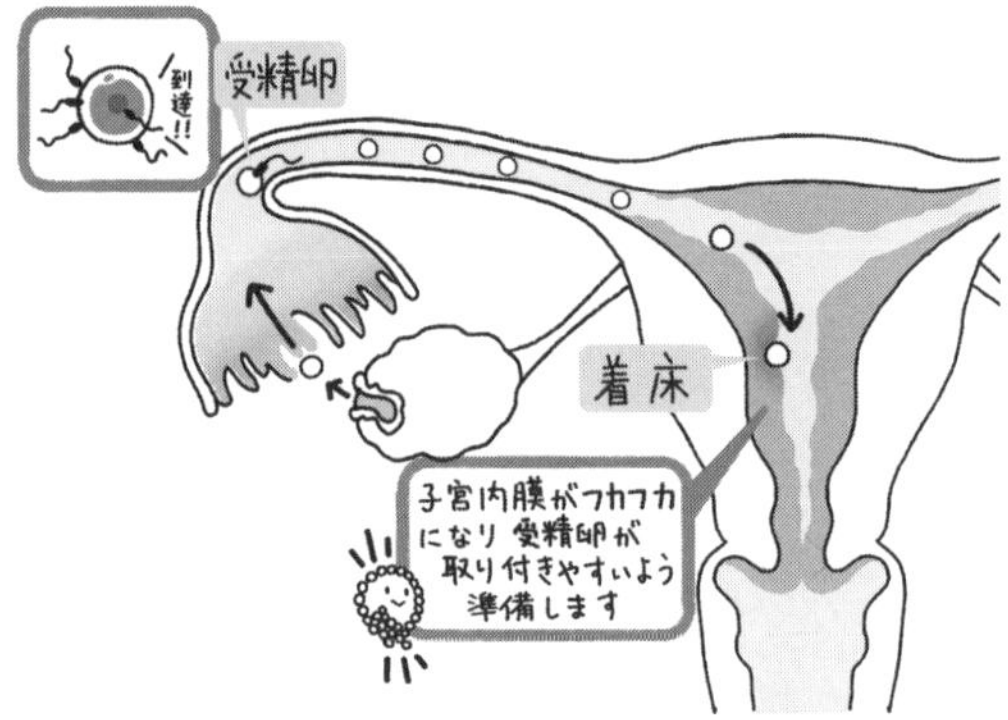

子宮内膜がフカフカのじゅうたんのように厚くなる
＝【妊娠した時のために体が準備】

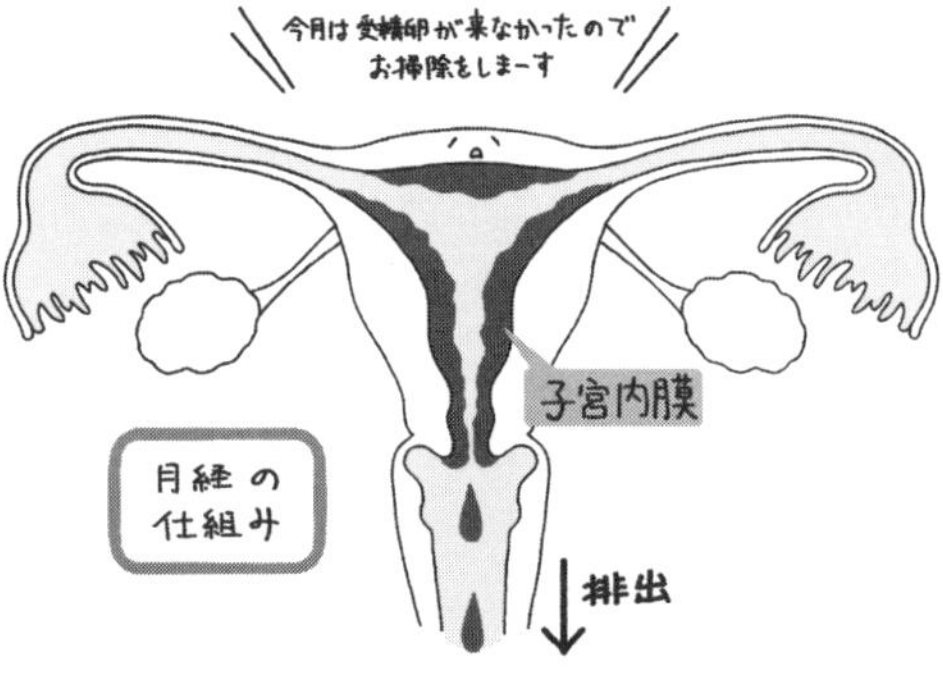

妊娠しなかった時は、自然にじゅうたんごとはがれて
膣から捨てられる　＝【月経】

なぜなら、フカフカになることによって、卵管の中でできた【受精卵】が、まるでやわらかいベッドの布団の中に体が沈むように、子宮内膜の表面にしっかり取り付くことができるからです。受精卵が子宮内膜に、無事取り付くことを【着《ちゃく》床《しょう》】といい、無事ここまで進んだら妊娠したことになります。

排卵された卵子の寿命はおよそ24時間。卵子が生きているうちに妊娠しなかった場合は、この分厚くなった子宮内膜が必要なくなるので、自然に剥《は》がれ落ちて、その時に切れた血管から出た血液と一緒に子宮の外へ捨てられます。これが、月経（生理）なんですね。

このことは、学校でも習ったんじゃないかと思います。

大人のための解説

「卵子のもと」というのは、「原始卵胞」と呼ばれる未成熟卵子のこと。卵巣の中で、卵子は未成熟な状態で蓄えられています。それが、「卵胞刺激ホルモン」

の働きで、毎月1000個ほどずつ目覚めて育ち始めますが、発育プロセスが進むごとに、どんどん数が減っていきます。

最終的に、特に発育が良かった数個～数十個ほどに数が絞られた卵巣の卵胞たちが、月経が終わる頃から「エストロゲン（卵胞ホルモン）」を活発に分泌し始めます。この量がぐんぐん増えて一定の値を超えると、脳から「黄体形成ホルモン」が分泌されます。すると、このホルモンの刺激で、その時点で一番早く成熟した卵胞の袋が破れ、中に包まれていた卵子がポンッ！　と飛び出すのが「排卵」というわけです。

このように、卵子の蓄えは、毎月1個ずつしか減らないわけではなく、排卵されない卵子も、実は毎月1000個単位で自然に死滅していきます。

月経はめんどくさい？

ここで、女性の皆さんに聞きますね。

あなたは「月経なんて、なかったらいいのに、めんどくさい」と思うことがよくありますか？　おそらく学校の更衣室では、そんなふうに友だち同士で言い合うことが多かったのではないでしょうか。

月経は、一度始まったらその女性が死ぬまでずっと続くわけではありません。卵巣の中の卵子は、排卵しない時にも、どんどん数が減っていくので、「卵子の蓄《たくわ》え」が1000個より少なくなったら、月経はもう来なくなります。これを「閉経《へいけい》」といいます。

ほとんどの女性が、45歳から55歳までの間（平均50歳）に閉経を迎えます。そこで、閉経前後の十年間を、女性のホルモンバランスが大きく切り替わる時期という意味で「更年期《こうねんき》」と呼びます。

でも、女性が10代の思春期から、40代から50代の更年期を迎えて閉経するまでのおよそ30年から40年間、毎月のように経験する月経が「めんどう」で「憂うつ」なものと考えると、まるで女性ばかりが損をしているような気持ちになってしまうのではないでしょうか？

では反対に、「月経が来ると嬉《うれ》しい、血が出てくるのは気持ちがいい」と思えたら、どうでしょうか？

そこで、これから月経があることが嬉しくなるようなお話をします。

女性の体は「月の満ち欠け」のリズムで変化する

「月経」という言葉を分解すると、「月のみち」という意味になります。

これは、女性の体が、まるで天体の月がおよそ29・5日間をかけて満ち欠けを繰り返すのと同じようなリズムで、月経を繰り返すことからきています。

月と関係があるのは、月経だけではありません。人間の平均的な「妊娠期間」、つまり卵子が精子と「受精」してから、出産するまでの期間は、ちょうど月が9

回満ち欠けを繰り返すのと同じぐらいの日数（約２６６日間）なのです。

どうやら子宮の中には、月の満ち欠けのリズムに合わせて動く「体内時計」が備わっているのではないかとも言われています。

疑問を解決！ 妊娠期間は本当に「10カ月」なの？

昔から、赤ちゃんがお腹にいる妊娠期間は「10カ月」と言われています。そうすると、妊娠期間は、〔30日×10カ月＝３００日〕じゃないの？ と思うかもしれません。

実は、医学的な妊娠期間の数え方は、卵子が受精をした日が始まりではなく、その前の最後に来た月経（「最終月経」といいます）が始まった日、つまり受精した卵子が排卵の準備に入った頃を始まりに設定すること、そして1カ月を28日として計算することが決められています。

だから、妊娠期間は〔28日×10カ月＝２８０日〕となります。これなら、いつ受精したのか日付がわからなくても、最終月経をもとに「出産予定日」を予測で

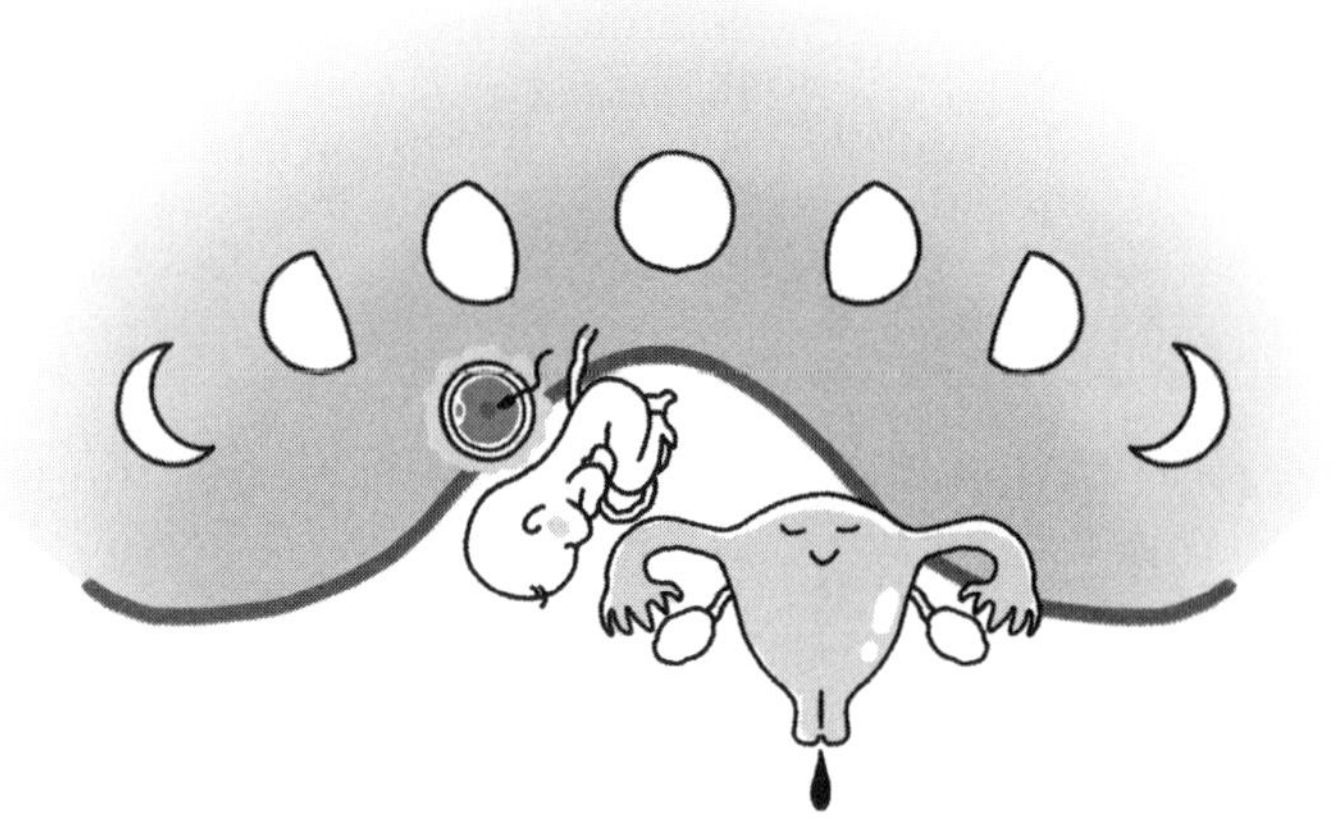

きるというわけです。

そして、ここから、最終月経が始まってから排卵するまでの一般的な日数とされる14日間を差し引くと、本当に妊娠してから生まれるまでの期間がわかります。それが、先にお話しした〔280日－14日＝266日〕ということなのです。

この日数と、〔月の満ち欠けが1周する日数29・5日×9回＝265・5日〕がピッタリそろうので、もし受精や排卵の日が自分でわかるとすれば、「空の月が9回満ち欠けすれば産まれてくる」と考えるほうが、よりわかりやすくなりますね。

こんなふうに、空の月と女性の体は、深く結びついています。それは、人間の女性だけではなく、あらゆる生き物のメスにも言えることです。

例えば、ウミガメやサンゴのように、多くの海の生き物が、ちょうど満月の夜に産卵（卵を産むこと）するのは、よく知られています。

満月と新月の日には、月の引力が特に強く働くので、地球上の海水も強く引っ張られて、潮の満ち引きの差が大きくなります。広い海にまで影響を与える月の引力に、地球上の生き物たちも助けてもらっているのかもしれません。なぜなら、生き物の全身を流れる血液、リンパ液などの「体液」も、海水とよく似た水分なので、ある程度は影響を受けると考えられるからです。

実は人間も、自然に任せておくと、満月の日に生まれる赤ちゃんが、他の日より多めになる傾向があるそうです。

ただし人間は、ウミガメのように体から丸い卵を産むわけではありません。人間だけでなく、犬や猫、ウサギや馬などのように、卵を産むのではなく赤ちゃんを産み出す動物を、まとめて「ほ乳類」といいます。ほ乳類は、自分のお腹の中、

つまり子宮の中に卵を生みつけて、大人の姿を小さくしたような形に育つまで、
しっかり守ってあげる仕組みになっているのです。

月経は、女性の体にとって、次の2つの意味を持っています。

①子宮と卵巣が妊娠するための準備をした、その後始末
（排卵後、妊娠しなかった場合の子宮内の後片づけ）

②女性の健康を守るための一つの仕組み

前の月経から次の月経までの間隔を【月経周期】といいますが、標準的な日数は28日間。でも、これとピッタリ同じではなくても、25〜38日までの周期は正常とされています。

この範囲からずれると、病院では「月経不順」と言われますが、必ずしも病気というわけではありません。月経周期は、体調や心の変化によって、変わることがあります。

例えば、ダイエットをし過ぎて栄養不足になると、月経が何カ月も来なくなることも珍しくありません。また、なにかショックなことがあった後に、月経が遅れるという人もいます。

このように、女性にとって、月経周期の変化や、「月経痛」（生理痛のこと。後で詳しく説明します）などを通して、自分の体調や健康状態を知る手がかりにできるのです。

「月経」と「排卵」の前と後で、女性の体は切り替わる

月経は、生殖器の中だけで起こっている出来事のように見えるかもしれませんが、実は女性にとって、全身に変化が起こる「全身運動」です。

その変化は、「月経」と「排卵」という2つのイベントが、およそ2週間の間隔をあけて、代わりばんこにリズムを刻むように繰り返されるのに合わせて起こります。

先ほどお話ししたように、よく育った卵子が、卵巣の壁を突き破って飛び出し

てくる「排卵」という力強い出来事を中心にして、その前と後で女性の体は、

①基礎体温が変わり、②体調も変わり、③骨格まで変わる

という、3つの大きな変化を毎回経験するのです。

①1つ目の変化「基礎体温」

【基礎体温】というのは、生きていくために最低限のエネルギーを使っている時の体温のこと。朝、目が覚めたばかりの、まだ布団の中にいるタイミングで測るとわかります。体を動かしたり、食事をすると自然と体温が上がるので、この変化を正確に測れなくなります。

ちなみに基礎体温計（婦人用体温計）は、ふつうの体温計のようにわきの下に入れて測るのではなく、細かい変化までわかるよう舌の裏に差し込んで、口にくわえて測るようになっています。

「基礎体温」を測っていると、次のようなことがわかります。

月経の初日から排卵が起こるまでの約2週間は、基礎体温が低めの日が続く【低温期】。特に排卵が起こる当日の【排卵日】は、最も低い温度にグッと下がります。

そして、排卵の翌日から月経が始まるまでの約2週間は、基礎体温が高めの日が続く【高温期】。この低温期と高温期の温度差は、大体0・3度～0・5度くらいが普通とされています。この小さな変化がわかるように、基礎体温は普通の体温計ではなく、小数点以下2桁まで測れる「婦人用体温計」を使って測るのです。

②2つ目の変化「体調」

体調が変わるというのは、卵巣で作り出さ

基礎体温を測ると体の変化がわかる

れている2種類の女性ホルモン、
【エストロゲン（卵胞《らんぽう》ホルモン）】
【プロゲステロン（黄体《おうたい》ホルモン）】
のどちらの分泌《ぶんぴつ》量（体内で作り出される量）が多いかによって、体調が変わるということ。

女性の体は、ホルモンバランスが違う4つの時期、［月経期］↓［活発モード期］↓［排卵期］↓［ゆったりモード期］を順番に進んでいきます。

・［月経期］に起こること

まず［月経］の時は、2つの女性ホルモンがどちらも少ない状態で、体を休ませるのに向いている時期です。

・［活発モード期］（低温期）に起こること

月経が終わる頃には、エストロゲンの量がどんどん増えてきて、プロゲステロンよりかなり多くなります（これを「エストロゲン優位」といいます）。すると、体の［活発スイッチ］が入ります。

エストロゲンは、卵巣の中で卵子を成熟させ、子宮の中では内膜を厚くしていくのですが、さらに全身に働きかけて、女性の体と心にいろいろな恵みをもたらしてくれるのです。

例えば、肌や髪が潤《うるお》ってツヤツヤしてくる。骨や歯が丈夫になる。頭の働きも活発になるし、食欲もほどほどに抑えられて、太りにくくなる。これは、生物の本能から言えば、もうすぐ起こる排卵に備えて、いい受精の相手と出会えるように、女性の体が活動的になっているのだとも言えそうです。

・［排卵期］（バランス逆転期）に起こること

卵子の成熟が進んで排卵の準備が整う頃、今まで多かったエストロゲンが急速に減り始め、反対に少なかったプロゲステロンの分泌がグンと増え始めて、ついに2つのホルモンバランスの大逆転が起こります。同時に、基礎体温も低温期から高温期に切り替わります。

このように、およそ3日間で急速に体調が違うモードに変わるこの時期に、左右どちらか片方の卵巣から、成熟した卵子が飛び出す「排卵」が起こります。

どちら側の卵巣で排卵が起こるのか、予想することはできませんが、人によっては、この時期に片方の卵巣近くのお腹が痛む「排卵痛」を感じて、わかることもあります。

・「ゆったりモード期」（高温期）に起こること

高温期には、体の「ゆったりスイッチ」が入ります。これは、体内のプロゲステロンの量が、エストロゲンより多くなっているしるし（これを「プロゲステロン優位」といいます）。

プロゲステロンの役目は、妊娠と出産の準備をすること。排卵された卵子が、受精した場合に備えて、子宮内膜をフカフカのじゅうたんのように育て、受精卵がしっかり内膜の表面に【着床】できるよう、ベッドメイクをしておきます。排

女性の体が変わる「月経」と「排卵」のリズム

【月経周期】およそ28日（25〜38日）間でめぐるリズム

	（低温期）	〔排卵期〕	（高温期）
【基礎体温】	低くなる	➡	高くなる
【体質】	活発モード	➡	ゆったりモード
【骨格】	だんだん閉じて （頭蓋骨、肩甲骨、骨盤など）	➡	だんだん開く

※毎月、体が出産の準備運動を繰り返します。

卵後に妊娠した人も、しなかった人も、同じくそうなります。
違うのは、妊娠しなかった人は、次の月経と同時に低温期へ切り替わりますが、妊娠した人は、月経と排卵が止まるので、出産が終わるまで、ずっと高温期が続くことになります。

高温期の女性の体は「活発スイッチ」が入っていた時よりも、水分や栄養分を溜《た》め込みやすくなり、無理がききにくい体調になります。だから、たとえ体重が少し増えても「太った！」と誤解してダイエットをする必要はありません。この時期が過ぎれば体重は自然と元に戻るはずなので、あまり心配しなくていいのです。

また、活発だった時に比べて勉強や仕事がそれほどはかどらなかったりしますが、これは体調変化の影響が大きいので、「私はダメだなぁ」などと自分を責めないようにしましょう。

やがて月経が近づいてくると、いったん増えたプロゲステロンも、エストロゲンと一緒に再び減り始めます。

そうして両方の女性ホルモンが少なくなってくると、体調が乱れたり、気持ちがイライラして怒りっぽくなったり、逆にクヨクヨ落ち込みやすくなったりするなど、心や体が不安定になる人もいます。

こうした症状は【PMS（月経前症候群）】と呼ばれ、だいたい月経の10日前から3日前ぐらいまでの間に始まって、しばらく続くのですが、月経が来るとピタッと収まります。

③3つ目の変化「骨格」

「月経（生理）」と「排卵」の前後で骨格が変わると聞くと驚くかもしれませんが、これは、骨盤《こつばん》、肩甲骨《けんこうこつ》、頭蓋骨《ずがいこつ》の後頭部に当たる3カ所の骨のつなぎ目が、月経周期に合わせて、ゆっくり少しだけ、ゆるんで開いたり、きつく閉じたりを繰り返しているということです。

排卵の時に、この3つの骨は一番閉じています。お尻回り、肩、頭が揃ってキュッと引き締まるのです。

排卵が終わると、これらの骨のつなぎ目がゆるみ始めて徐々に開いていき、一番開いた時に月経が始まるという仕組みです。この時に、ジーンズのお尻回りがきつくなるのがわかるという人もいます。決して太ったわけではないので、あわててダイエットをしないようにしましょう。

つまり女性の体は、子どもを産まない場合でも、いざ出産という時に骨盤などの骨組みがちゃんと動いて、直径10㎝もある赤ちゃんの頭が通り抜けられるほど開くことができるように、毎月、出産の準備運動を繰り返しているとも言えます。

毎月、これだけの変化の波を乗りこなしている女性の体は、とても働き者で、

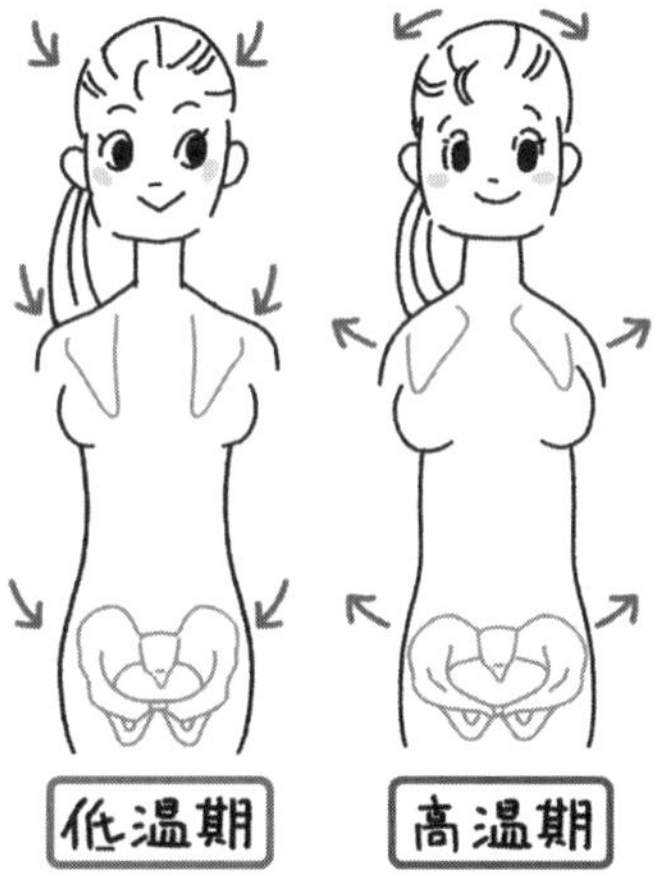

骨格も閉じたり、
ゆるんだりしている

うまくできていると思いませんか？

ここが男女で違う！

一方、男性の体の中では、女性と違って、毎月繰り返し訪れるようなホルモンバランスの変化というものが起こりません。そのため、多くの男性は、病気などの特別な不調がない限りは、いつも大体、一定の体力や気力を発揮することができるのです。

ということは、男女が一緒に仕事や作業に取り組む時は、お互いの体のペースの違いを理解して、思いやりをもつことが大切だとわかりますね。

疑問を解決！　女性の体のほうが弱いの？

体が活発に動ける時期と、月経中や妊娠中など、

動くペースを落としたほうがいい時期を繰り返している、体調の波がある女性は、いつも活発に動ける男性より、体が弱いのでしょうか？　決してそうではありません。

女性の活発モード期に特に増える女性ホルモン「エストロゲン」は、骨や歯を丈夫にしたり、記憶力をはじめ脳のさまざまな働きを良くしたりするほか、全身の健康を保つためのたくさんの働きを持っています。そのため、月経が終わる50代頃までの年齢では、男性より女性のほうが、いろいろな病気にかかる人の割合が少ないことがわかっています。

子どもをお腹の中で育てて出産するという、大きな変化に耐えられるように、女性の体内は、守りが手厚くなっているのだといえます。

月経を快適に過ごすアイデア

さらに、月経のいいところをお伝えしていきます。

①デトックス効果

その一つは、体の中の「いらないもの」を捨てられる、体のお掃除（デトックス）効果です。

妊娠していない時の、ふだんの子宮の大きさはニワトリの卵くらいに小さいと言いましたが、その中に入れられる液体の容量は、わずか10〜50㎖だそう。

それに対して、一回の月経で排出される平均的な経血量は20〜140㎖。つまり、完全に子宮の中に入る量を超えています。

ですから、月経というのは、子宮の中にあるものだけが出てくるわけではなく、全身のいらないものが、経血を通して捨てられているんじゃないかと考えられていま

す。つまり女性は、毎日の暮らしの中で自然と溜まっていく「体内毒素」を捨てることができるルートを、汗と大小便のほかにもう一つ、男性より多く持っていることになります。

子どもをお腹の中に宿す仕組みと同時に、自分の命を守る仕組みも発達しているのですね。

ここで一つ、子宮の不思議な力についてお話ししましょう。

私たちの心臓は、自分で「このぐらいの速さで動かそう」なんて思わなくても、自動的に速さを調節しながら、動き続けていますよね？　心臓がギュッと縮んだり広がったりするリズムに合わせて、血液が全身に送り出されて、グルグルめぐるようになっています。

実は子宮にも、心臓と同じように、自動的にギュッと縮んだり広がったりするリズムを作り出す仕組みがあります。そのリズムのおかげで、月経の時に、いらなくなった子宮内膜や血液を外へ押し出すことや、出産の時に、子宮の中にいる赤ちゃんを押し出すことができるのです。

疑問を解決！　生理痛（月経痛）はなぜ起こるの？　やわらげる方法は？

月経（生理）の時の体の変化は、まるで出産の準備運動をしているようだというお話をしました。

その一つは、子宮がギュッと縮んでは広がる運動を繰り返すことによって、いらなくなった子宮内膜を、子宮の外へ押し出していくこと。

もう一つは、骨盤のつなぎ目を少し開いて、ゆるませることによって、子宮の中身を外へ押し出す動きを助けること。どちらも、出産の時に起こるのと同じ変化を、小さくしたものだといえます。

出産の時は、子宮が縮む力がとても強く、骨盤も大きく開くので、「陣痛《じんつう》」と呼ばれる、お腹や腰回りの痛みが起こります。生理の時は、出産の時ほど子宮が縮む力は強くないのですが、それでも痛みを感じる人がいます。それが「生理痛」です。

生理痛の感じ方は、人によって差があります。まったく痛みを感じない人もいますし、少し痛いけどがまんできるくらいの人から、横にならないと耐えられないほどつらい人までいます。いつも痛みを感じる人にとっては、生理が来るのがゆううつなのも仕方ないですよね。

なぜ、痛みが強くなるのでしょうか？　その原因を知って、少しでも痛みがやわらぐように、体のお世話をしてあげましょう。

〔原因1〕お腹が冷えて、血のめぐりが悪くなっている。

お腹を温めるケアをして、子宮にたっぷり血がめぐるようにしてあげましょう。

例えば、次のような方法があります。

①仙骨《せんこつ》カイロ……うつぶせに寝て、「仙骨（お尻の割れ目が合わさる部分にある平らな骨）」の上にカイロを当てて、ゆっくり休みましょう。

この時、本を読んだりスマホを見たりしないで、目も休めることが、効果を上

「月経」を快適に過ごすアイデア

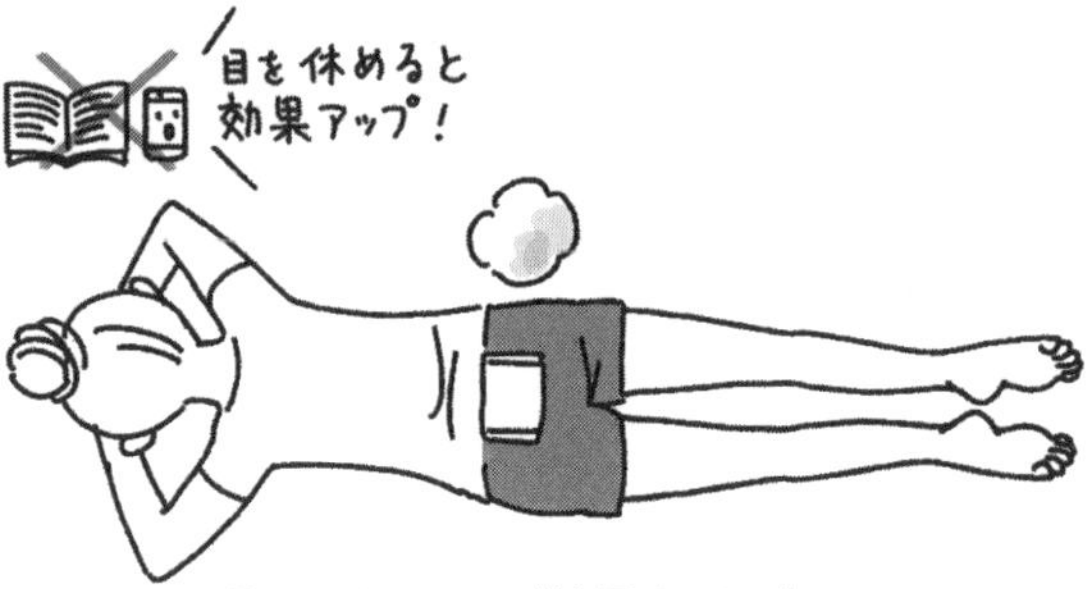
目を休めると
効果アップ！

①腰を温める（仙骨カイロ）

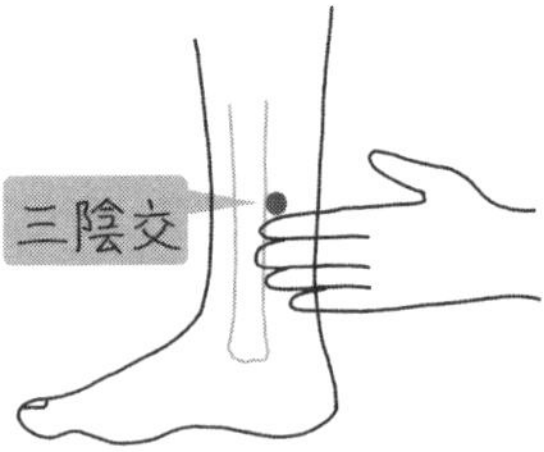
三陰交

②ツボ押し

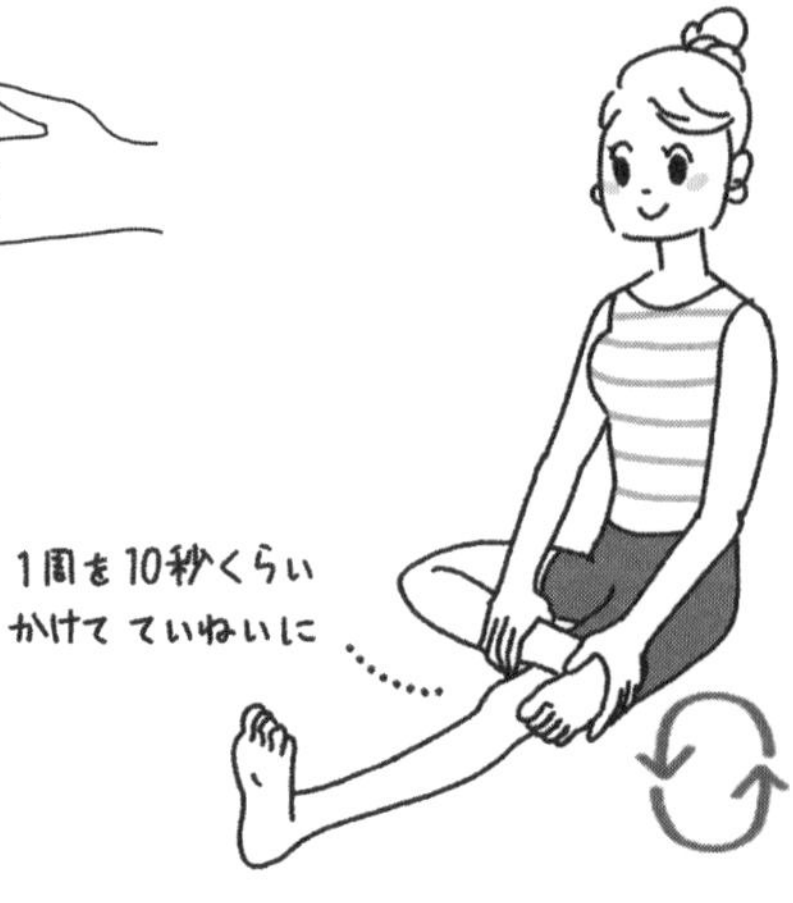
1周を10秒くらい
かけて ていねいに

④足首ゆっくり回し

げるコツです（イラスト参照）。

②ツボ押し【三陰交《さんいんこう》】……足の内くるぶしの骨の位置に、反対側の手の小指を置いて、人差し指まで4本の指を揃えて当てます。人差し指の当たった位置のすぐ横にある骨のきわが「三陰交」のツボ。ツボの位置がわかったら、親指をグッと押し込んで、痛い場所を5秒くらい押し続けて、ゆっくり離します。何度か繰り返すと、子宮まわりの血のめぐりが良くなります（イラスト参照）。

③生理用の布ナプキンを当てる……普通のナプキンよりもデリケートゾーンが冷えにくいうえに、肌が乾燥しなくなるので、生理痛だけでなく、かゆみもやわらぐでしょう（布ナプキンだけ当てるのも、普通のナプキンの上に重ねて当てるのもよい）。

〔原因2〕骨盤がうまく開きにくい。

④足首ゆっくり回し……1周を10秒くらいかけて、ていねいに回すと、骨盤が動きやすくなります（イラスト参照）。

⑤骨盤底筋群《こつばんていきんぐん》をゆるめるヨガポーズ……足の裏を合わせて座り、両脚でひし形をつくります。足の間にクッションなどを置き、息を吐きながら上体を前に倒していきます。この状態で肩や背中の力を抜いて1～5分キープします（「骨盤調整ヨガ」®より）。このポーズをしながら、同時に①の仙骨カイロを当てると、さらにゆるみやすくなります（イラスト参照）。

⑥目を温める（蒸しタオルか、市販の温熱シートをのせる）……頭蓋骨がゆるむので、一緒に骨盤もゆるみやすくなります。月経中の頭痛をやわらげる効果も

骨盤底筋群をゆるめるエクササイズ

股間からかかとまで
40cm程度離す

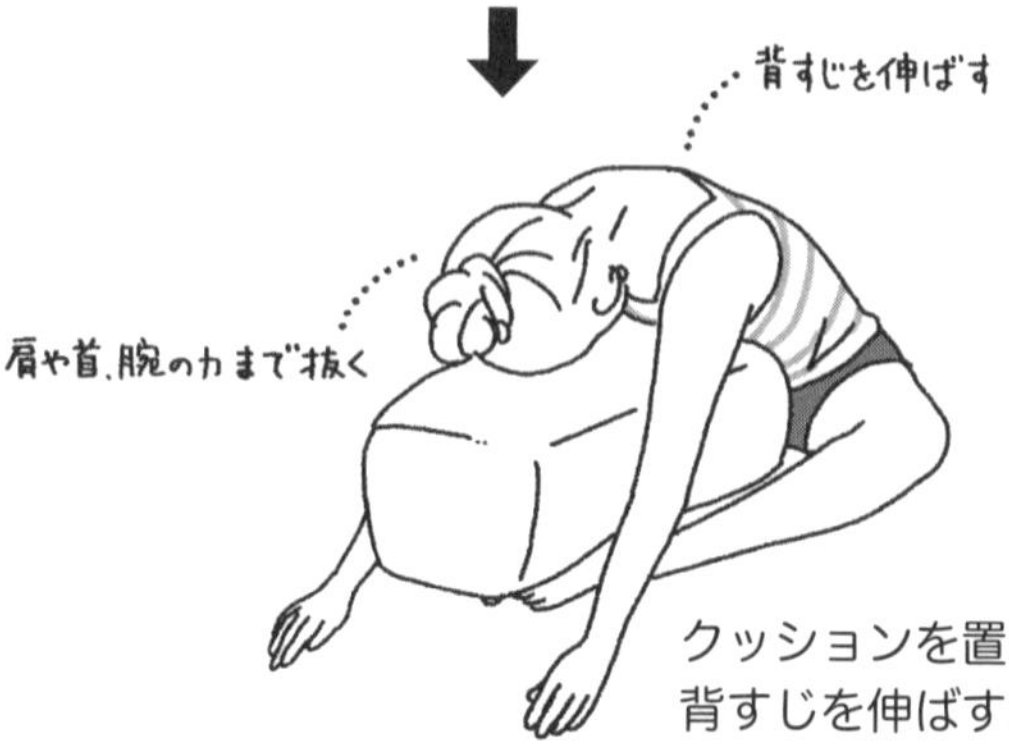
背すじを伸ばす
肩や首、腕の力まで抜く

クッションを置いて
背すじを伸ばす。

出所：『気持ちいい体になる骨盤調整ヨガ』（高橋由紀著）

あります。

10代の時には、子宮口（子宮の出口）の筋肉が硬くて開きにくいために、お腹が痛くなることもあります。この場合であれば、年齢を重ねたり、出産することによって開きやすくなり、自然と痛くなくなります。ずっと同じ痛みが続くわけではないので、あまり心配しないでください。

ただし、子宮が収縮する（ギュッと縮む）力が普通より強い人、痛みに対する感受性が強い人など、体質的にどうしても痛みが治まらない人やがまんできない人は、病院の婦人科などで相談してみましょう。

大人のための解説

出産の時に、子宮を強く収縮させて、陣痛を起こす生理活性物質「プロスタグランジン」は、月経の時にも分泌されて、子宮内膜や血液を子宮の外へ押し出す働きをします。

このプロスタグランジンの働きが特に強い人、痛みを敏感に感じやすい人、また子宮の形によっても、経血が押し出される時に負担がかかりやすい人がいます。先に紹介したような一般的な手当てでは痛みが治まらない場合には、婦人科で処方される「ＯＣ（低用量ピル）」で女性ホルモンの量をコントロールすると、痛みがやわらぐことが多いようです。この方法は、「月経過多」（経血量が多すぎて、貧血を起こしてしまう）の人も、経血量が減って、月経が軽くなります。

また、激しい生理痛が続く場合は、病気が原因になっている場合もありますので、痛みをがまんしすぎず、婦人科に相談することをお勧めします。

生理用ナプキンがなかった時代の女性は、困らなかったの？
――「骨盤底筋群」と月経血コントロールの話

膣の中から出てくる月経血を、いつでも吸い取ってくれる便利な生理用ナプキンが、日本で買えるようになったのは1961年からで、そんなに昔のことではありません。あなたのお祖母《ばあ》さんが若かった頃には、なかったかもしれません。

では、ナプキンが発明される前の女性たちは、生理の時にどうしていたのでしょうか？

それは下着の中に、布や脱脂綿《だっしめん》（コットン）をはさんでいたそうです。なぜ、それだけで大丈夫だったのかというと、理由が2つあります。


昔は、生理中の女性は、仕事や家事を休んで、「月小屋」という女性だけの合宿所のようなところでのんびり過ごす習わしがありました。今と違って、生理中にはいつでも自由にトイレに行けたから、もらしても困らなかったと考えられます。

そしてもう一つ、昔の女性は、経血をあまりもらさずに、大小便と同じようにトイレで出していたからです。

――ウソ～！　そんなことできるの？　と驚いたでしょうか。

種明かしをすると、47ページで見た、尿道口・膣口・肛門の、3つの穴を、それぞれギュッと引き締めたり、ほわっとゆるめたりするのに使う筋肉を「骨盤底《こつばんてい》筋《きん》」といいます。ここを使って膣の出口を引き締めると、それができるようになるのです。

皆さんも赤ちゃんの時には、おしっこやうんちをオムツにもらしていましたが、幼児の頃には、トイレで出せるようになっていましたよね。それはトイレトレーニングの時に、勝手にもれないように骨盤底筋で止める訓練ができたからなのです。

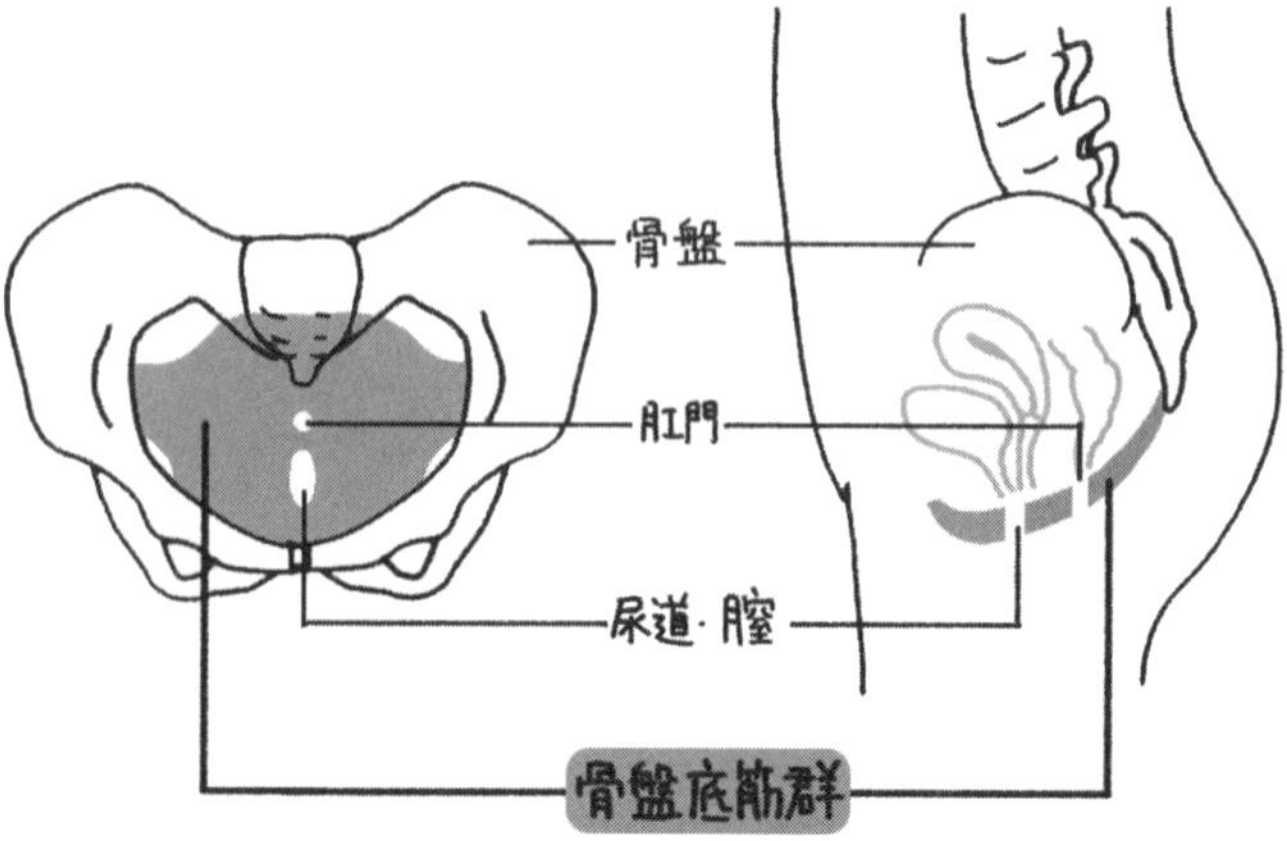

骨盤底筋でコントロールできる！

だから、膣の出口の筋肉も、使えるように訓練すれば、経血をもれにくくすることができるんですね。これを、「月経血コントロール」といいます（私は「月経血キープ」と呼んでいます）。

経血は、大小便ほど長い時間ためておくのは難しいけれど、もれそうになった時に、おしっこを止める筋肉の、少し後ろのほうに力を入れると、膣の出口が閉まり止めることができます。気がついた時に練習しておくと、経血の全部をナプキンにもらさずに、トイレでも出せるようになっていきます。がまんしていたおしっこをトイレで出せると気持ちがいいのと同じように、経血をもらさずトイレで出せると、気持ちがいいものです。

するとだんだん、ナプキンを使う枚数が減ってくるので、資源の節約にも役立ちますよ。

肌がかぶれにくくて体にやさしい、「布ナプキン」を使うのもいいですね。

布ナプキンを使うと、経血のしみたナプキンを洗わないといけないから、めんどくさいなぁと思うかもしれません。でも、布に染みた血液は、水に浸しておくだけで簡単に抜けるので、実は意外とめんどうではありません（※この時、熱いお湯につけると、血が固まって取れなくなるので注意！　血が抜けやすくなる布ナプキン用の洗浄剤を使うと、さらにきれいになります）。

月経血は植物の栄養になる！

経血の混じった赤い「経血水」は、トイレなどに流して捨てるのが一般的ですが、実は捨てずに活かす、とっておきの〝リサイクルわざ〟があるのを知っていますか？

それは、畑や花壇など、植物が育つ土の上にまくこと。すると、植物の生長が良くなるのです。いったい、なぜでしょうか？

経血に含まれる子宮内膜は、妊娠した後は、赤ちゃんを育てる「胎盤《たいばん》」になります。だから、栄養がたっぷり含まれているんですね。土に染み込むと、土の中にいる微生物が分解してくれて、その土地に生える植物の栄養になるというわけ。ネイティブアメリカンやオーストラリアなどの先住民の人たちは、昔からそうしていたそうです。

私も、それで植物がどうなるのか実験したことがあります。

家の前に植えられていたアジサイの花が、毎年、色がつかずに白いまま枯れていたのが気になっていたので、応援するつもりで、毎月、経血水をまいて様子を見てみました。するとさっそく、次の年には、ずっと白かったアジサイが、キレイな赤紫色の花を咲かせたのでした……！　それで、経血はとてもいい肥料になることがわかったのです。

面白いと感じた人は、身近に植物があれば試してみるといいですよ。

男性の生殖器の働き方

では次に、男性の生殖器について見ていきましょう。

男性の体は、女性とは反対に、外から見える【外性器】の部分が大きく作られています。

まず、その働きから見ていきましょう。

①男性の外性器と日頃のお手入れ

子どもの頃に「おちんちん」と呼んでいた細長い部分を、医学用語で【陰茎《いんけい》】または【ペニス】といいます。一般的な言葉では【男根《だんこん》】とも呼ばれます。

その先端に【尿道口】があって、先の方の、きのこの笠のような部分全体を【亀頭《きとう》】といいます。子どもの時には、亀頭がむき出しにならないように、【包《ほう》皮《ひ》】と呼ばれる皮で包まれ守られています。この状態を【包茎《ほうけい》】といいます。

包皮の内側に汚れが溜まると、炎症を起こす場合もあるので、日頃からきちんと洗って、清潔にしておくように心がけましょう。

まだ自分で体を洗えない赤ちゃんの時には、親御さんが、時々皮を根元に向かって下ろすようにむいて、きれいにしてあげてもいいでしょう。自分のことができる2、3歳頃からは、「大事な場所だから自分できれいにしようね」と教えてあげてください。

大人になるまでに、体が大きく成長するのに合わせ、自然と包皮がむけて、亀頭が露出する（表に出てくる）ようになります。

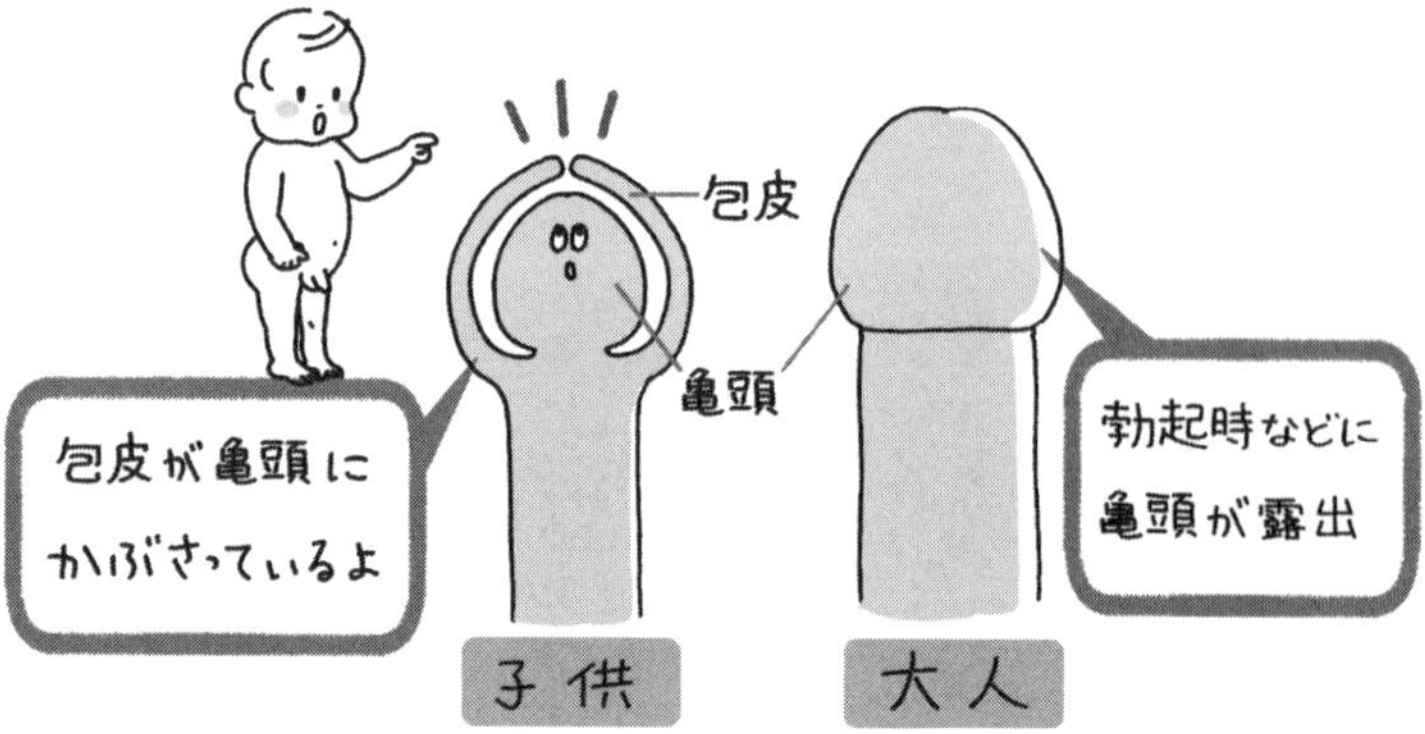

ただし、大人になっても、普段は亀頭の大部分が包皮に包まれていて、【勃《ぼっ》起《き》】（ふくらんで立ち上がること）した時だけ亀頭が表に出るという人もいます。この場合も、手で皮が簡単にむける状態であれば【仮性《かせい》包茎】と呼ばれ、心配する必要はありません。

ただし、手でむけない場合や、勃起しても亀頭が表に出てこられず痛みがある場合などは【真性《しんせい》包茎】となり、トラブルの原因となるので、病院で診《み》てもらう必要があります。

教えて！ ウチの子の場合

Q「小3の息子の父親です。今まで『皮をむく』ということを教えてなかったので、これも性教育の手始めと思って、お風呂で『むいてやろうか？』と声をかけたのですが、イヤがられてしまって、全然させてくれません。放っておいてもいいのでしょうか？　今後どうしたらよいのか教えてください」

A　お子さんがイヤがったのは、『自分の体に何かされる』という感覚を不快に感じたのだと思います。もう小学生以上の年齢だと、親であっても、自分の体に何だかよくわからないことをされるのはイヤだと思う感受性が育ってくるのですね。これは健全なことだと言えます。

第1章の【プライベート・ゾーン】などでお話ししたように、『自分の体は自分のもの』として尊重してあげてください。

そこで、お父さんができることとしては、お風呂でご自分の体を通して、お子さんの前でお手本を見せながら、マネをして一緒にやってみる

お風呂でコミュニケーションと性教育を

ような形で、洗い方を教えてあげてください。

「この皮の内側に、アカやゴミが溜《た》まると、はれて痛くなることがあるかもしれないから、そうならないように、時々ここもこうして洗うといいんだよ」というように話してみましょう。

そして「これが、男の身だしなみ（マナー）だよ」というふうに、自分の体に責任を持たせるよう、自覚を育ててあげるといいですね。

②「勃起」の仕組み

実は【陰茎】には骨がありません。代わりに【海綿体《かいめんたい》】という組織がギッシリ詰まっています。

海綿というのはスポンジのことです。だから普段の陰茎はスポンジのように柔らかく、海綿体にはスポンジのように小さな穴がたくさん空いています。そしてなにかの刺激を受けるとそこに血液がたくさん流れ込み、パンパンに硬くふくら

男性の生殖器

陰茎《いんけい》（ペニス）・男根

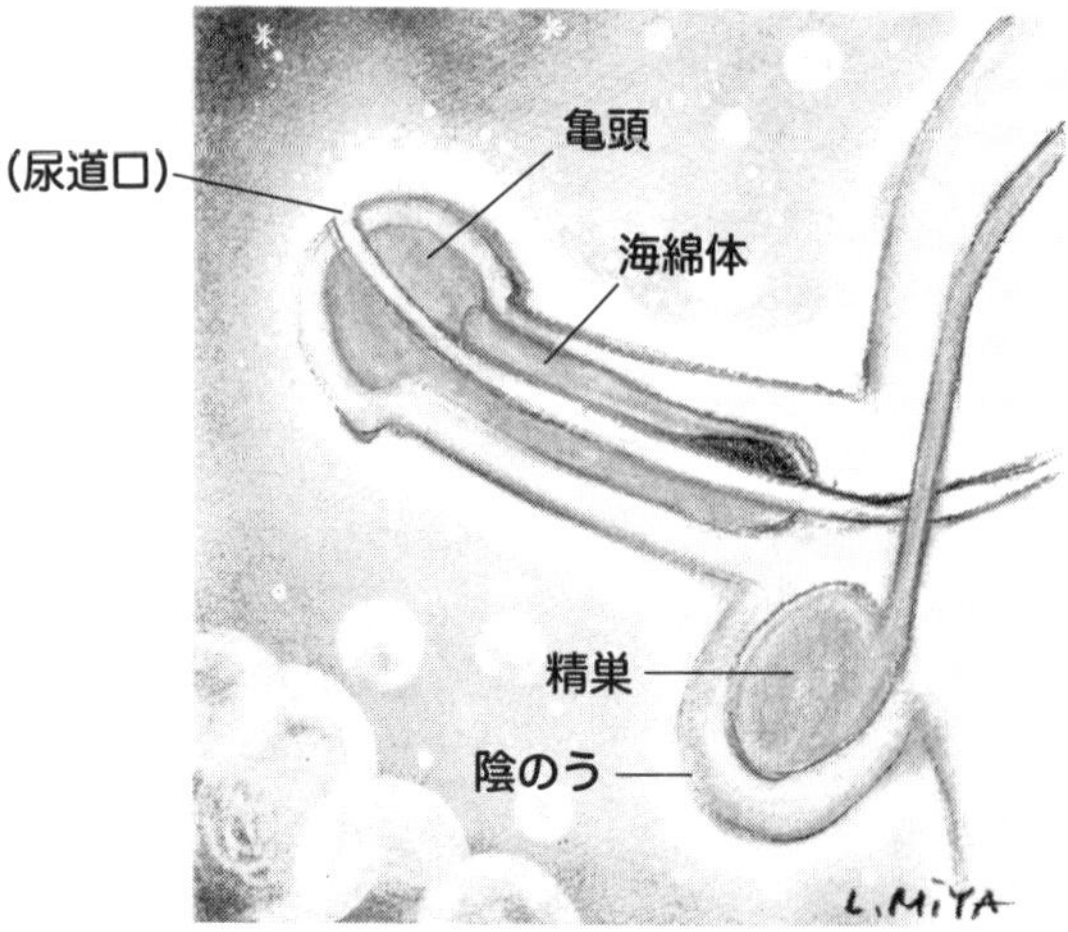

海綿体《かいめんたい》……スポンジ状の海綿体に血液が流れ込み、勃起《ぼっき》する

陰嚢《いんのう》……精巣《せいそう》が入っている袋

精巣（睾丸《こうがん》）……ここで精子や男性ホルモンが作られる

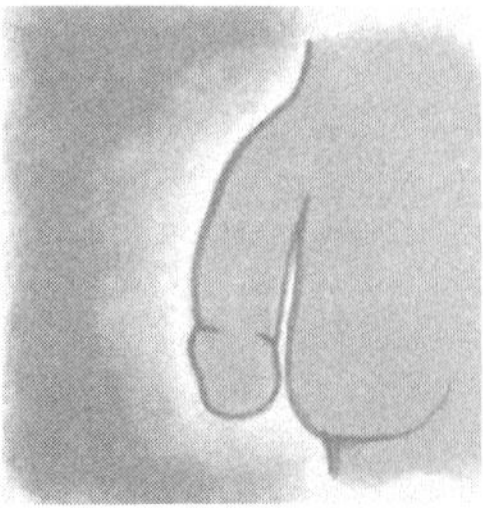
平常時のペニス

んで、立ち上がってきます。これを【勃起】といいます。

つまり、勃起というのは、手足を動かすように、自分の意思で自由に起こせるわけではなく、血液の流れによって引き起こされる自然現象ともいえるんですね。

では、勃起はどんな時に起こるのか？　というと、これには一定の条件があります。代表的なのは次の三つです。

★1つめは、「**性的に興奮した時**」。

例えば、女の人の裸を見るとか、好

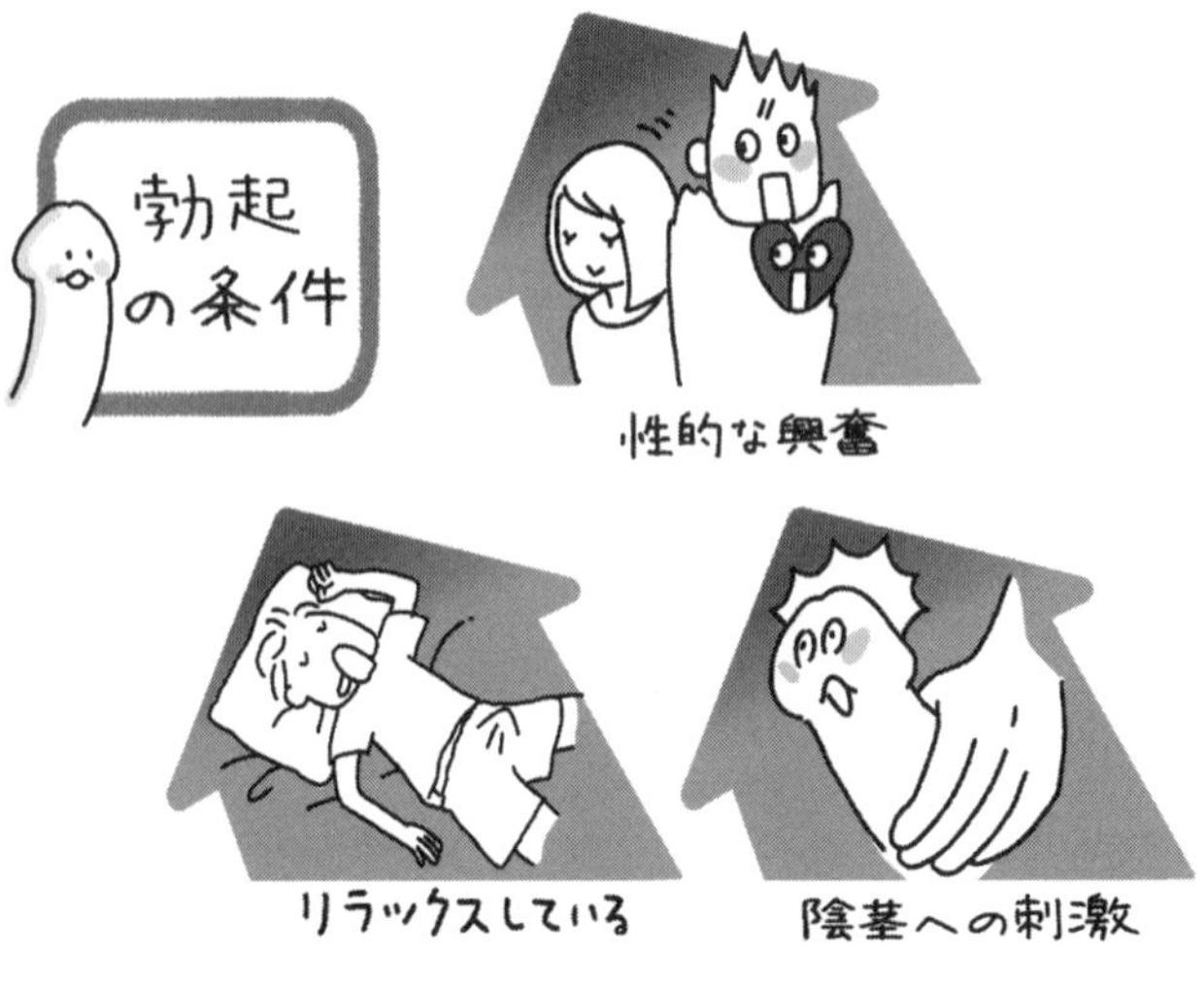

きな人がすぐ近くに来るなどして、ドキッとした時。

★2つめは、陰茎がこすられた時など、**「陰茎への刺激」**によって起こることがあります。

この性質を利用して、自分で陰茎の表面に触れて刺激することで、勃起させることもできます。

★3つめは**「リラックスしている時」**です。

例えば、朝、目が覚めたばかりの時に、勃起していることがあります。これは寝ている間に性的な夢を見ていた、というばかりではなく、神経がリラックスしていたからということもあります。例えば、赤ちゃんでも、お風呂上がりに気持ちがよくなって、おちんちんが勃起するように立ち上がっていることがよくあります。リラックスして血液がたっぷり流れ込んだのでしょう。

だから逆に、仕事やスポーツなどで神経が緊張している時には勃起は起こりません。

（赤ちゃんのおちんちんの話をしましたが、一般的に男性が勃起するようになるのは、思春期になり男性ホルモンの分泌が増え、ひげや体毛が生えたりする変化が起こる頃からです。その時期は個人差があります）。

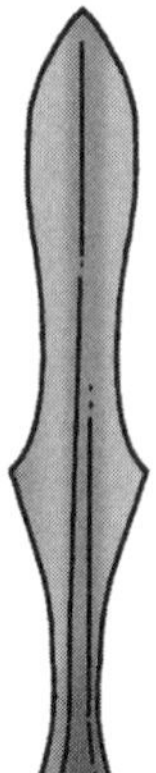

ほこ（矛）

③男性器（睾丸）は温めすぎないことが大切

さて、女性の膣は、昔むかしの大和言葉で「ほと」と呼ばれていたという話をしましたが、男性の陰茎は何と呼ばれていたのでしょうか？

答えは、【ほこ】です。そう聞くと可愛らしい響きですが、その意味は可愛いものではなく、槍《やり》のような形をした昔の武器のことです。それは、今でいう剣《つるぎ》のようなものです。

金属でできた剣は、硬くてひんやりとしています。女性の「ほと」が暖かいかまどだったのとは正反対ですね。実はこの言葉にも、昔の人の生活の知恵が織り

男性の精子と精液

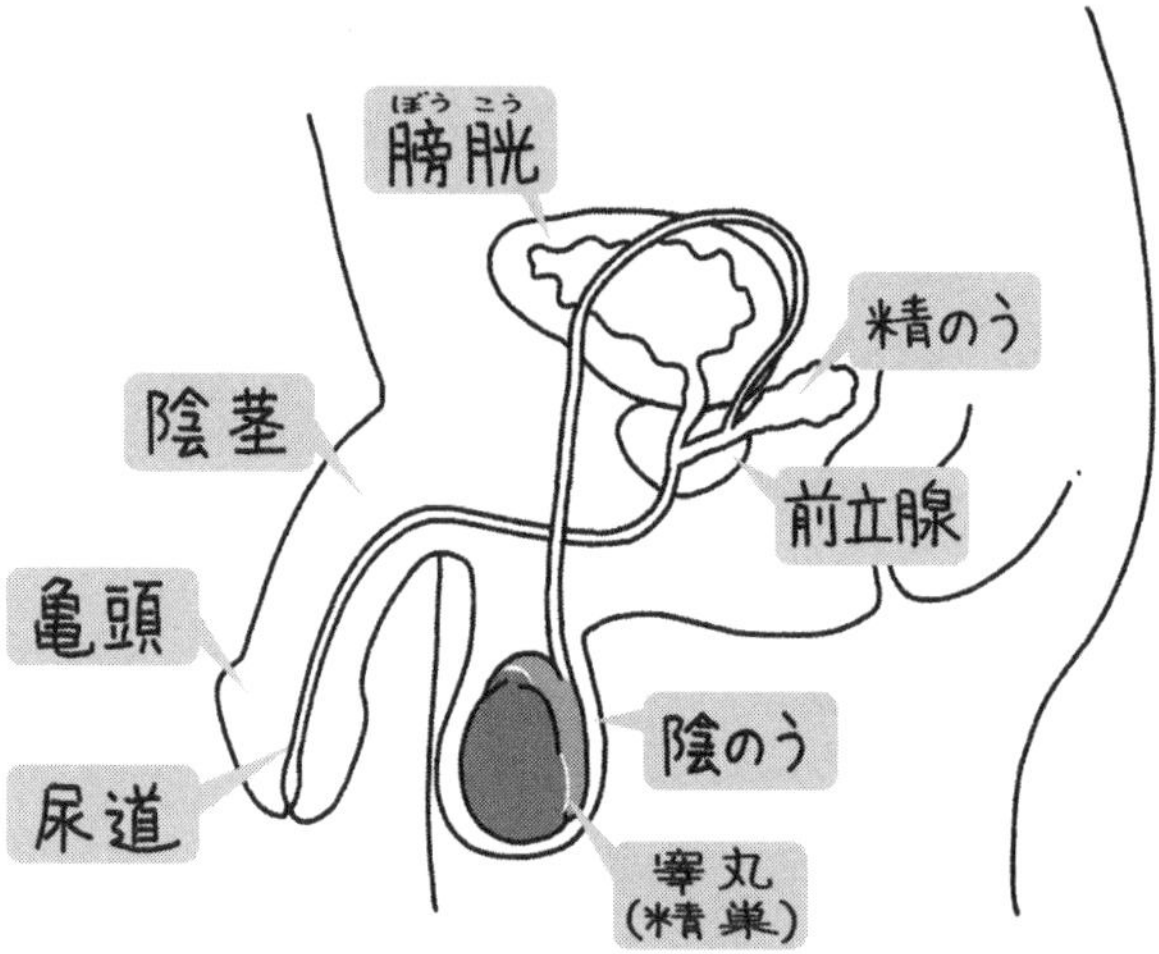

思春期（10～18歳）……精巣で精子が作られ始める（精通が起こる）

大人の体……毎日、約7000万個が作られ続ける

⬇

精子は約６週間生きている

作られた精子は……
➡精液として体の外に出す＝【射精】
➡体の中で分解されてタンパク質に
（吸収されて体の栄養になる）

込まれています。

女性が生殖器を温めておくのが大切だったのとは逆に、男性の生殖器は、あまり熱くならないように、涼しい状態にしておくほうがいいのです。なぜなら、【陰茎】の後ろの【陰囊《いんのう》】という袋にある【精巣《せいそう》】（または「睾丸《こうがん》」）でつくられる【精子】が、熱に弱いからです。わずか42℃を超える高熱にさらされることで、死んでしまうとされているのです。

④男性の内性器と【精液】ができるまで

【陰囊】の中には、【精巣】または睾丸（金玉《きんたま》ともいう）と呼ばれる、精子と男性ホルモンを作る働きをする楕《だ》円形の玉が2つ、左右横並びに入っています。

男性の内性器は、この隠れて見えない【精巣】と、女性と同じく、お腹の中にしまってある【精囊《せいのう》】と【前立腺《ぜんりつせん》】からできています。

男性の精子は、精液という形で体の外に出されます。この精液の材料となっているのは3つあります。

(1)まず、赤ちゃんのタネとなる【精子】は、精巣で作られ、2つの精巣の後ろ側にぴったりくっついている、2つの【精巣上体《せいそうじょうたい》（副睾丸）】の中へ送られて、しばらく保管されます。

(2)【精嚢】では、精子が元気に動くために必要な栄養が入った【精嚢液】が作られます。

(3)精嚢の斜め下にある【前立腺】では、精子を守る働きをする【前立腺液】が作られます。

そして、保管されていた精子が、精巣上体から「精管」というパイプを通って、精嚢のそばまで運ばれてから、「精嚢液」と合わさって【精漿《せいしょう》】に変わります。

この【精漿】は、【射精管《しゃせいかん》】というパイプを通って、前立腺のそばまで運ばれてから、【前立腺液】と合わさり、これで【精液】ができ上がります。

栄養や精子を守る成分がたっぷり含まれているので、透明ではなく白っぽい色をして、とろみがあるのが特徴です。

【精通】は生まれて初めて【射精】が起こること

女の子の場合は、「子供をつくれる仕組み」が働き始めたことが、「初経（初潮）」が起こること、つまり初めての月経によってわかります。

では、男の子にとっては、何が「子供をつくれる仕組み」が働き始めた合図となるのでしょうか？

精子を守り運ぶ働きを持つ【精液】が、条件が整うと、勢いよく尿道を通って（ほこ）（陰茎・ペニス）の先端にある尿道口から飛び出してきます。これを【射《しゃ》精《せい》】といいます。

この射精が生まれて初めて起こった時が、その合図となります。これを【精《せい》通《つう》】といいます。「精子の通り道が開かれる」かのような言葉ですね。

尿道や性器の周りの筋肉が、自然に強く引き締まった時に、その勢いで射精が起こります。例えば、手で〔ほこ〕に触れているうちに勃起が起こり、そのまま刺激を続けていたら精通を経験したという人もいます。

また、目が覚めている時だけでなく、寝ている間に夢の中で勃起して起こる場合があり、これは夢精《むせい》と呼ばれます。

精通が夢精だった場合は、小さな子のようにおもらしをしたかと、誤解してしまうかもしれません。でも、精液の場合は、白っぽくてとろみがあることや、しばらくして乾くと、卵の白身のように固まるのが特徴なので、すぐに区別できます。下着に付いた時も、軽くこすり落とすように手洗いしてから、洗濯機に入れれば大丈夫です。

射精はほとんどの場合、いったん勃起した後に起こりますが、まれにすごく緊張している時に、勃起はしないで起こることもあります。この場合は遺精《いせい》と呼ばれます。

精通は、早ければ10歳頃から、大体18歳頃までの間に起こります。

昔は女の子の初潮をお赤飯で祝う習わしがありましたが、男の子の精通も、「これで大人の仲間入りだね、おめでとう」と祝う言葉をかけてあげたいものです。

日本では伝統的に、結婚式をはじめ、おめでたい席には「紅白」の色合わせが使われています。

もしかしたらこれは、女性から出る経血の赤、男性から出る精液の白を表したものなのかもしれません。それは、新しい命を産み出す仕組みが整って、人間という生きものが、これからも末長く続いてゆくしるし。だから、おめでたいのです。

尿を自動洗浄してくれる仕組み

尿と精液は、同じ尿道口から出てきます。じゃあ、精液が出る時には、尿が混じってるのかな？　と思うかもしれませんが、そうならないための仕組みがちゃんとあります。勃起をすると、透明な液体が最初に出てきます。これは「カウパー腺液」といって、尿を洗い流してくれる働きがあるのです。

実は、このカウパー腺液の中には、少しだけ精子が混じっています。だから、射精をしなくても、精子は体の外へ出てくるということも覚えておきましょう（第4章で説明します）。

では次に、「赤ちゃんのタネ」と言える【精子】について、詳しく見てみましょう。

精子――〝赤ちゃんのタネ〟

精子の大きさは、約0・05ミリで、肉眼では見えません。

男の子が思春期に入る10歳から18歳の間に、生まれて初めて精液が体の外へ出てくる【精通《せいつう》】が起こった時から、毎日約7000万個ずつ、新しい精子が精巣の中で作られ続けます。これは、女の子の卵子が、生まれる前から作られていて、何十年も保存されるのとは対照的ですね。

精子は、作られてから約6週間生きているのですが、そこから2つの道に分かれます。

一つは、精液として体の外へ出す、つまり射精すること。

そして、外へ出さなかった場合は、体の中で分解されてタンパク質となり、体の栄養として吸収されます。

ここまでのお話で、女性器と男性器、卵子と精子は、それぞれ正反対と言える特徴を持っていることがわかったと思います。

性の発育には個人差がある

ここまで、多くの人に共通の「体の性」の発育の仕方についてお話ししてきました。

体の発育の早さや順序には個人差があります。それは、赤ちゃんや幼児の時に、言葉を話し始めたり歩き始めたりするのに早め・遅めの差があるのと同じこと。親にとってはやきもきしたりしますが、結局、多くの人が同じように話したり歩いたりできるようになると、それまで心配していたことなど忘れてしまいますよね。だから、自分と他の人の発育を比べて落ち込む必要はないのです。

疑問を解決！　自分のほこは他の男子より小さいみたいだけど？

男の子は、ほこ（陰茎・ペニス）の大きさを、トイレやお風呂場で見比べて、自分は他の人より小さいのではないかと心配したり、逆に自分のほうが大きいと得意になったりすることがあるかもしれません。

ちょっと見た目の大きさや形が違っていても、それは指の長さや手足の大きさが一人一人バラバラに違っているのと同じように、「体の個性の一部」ということ。ほこの大きさと、ほことしての働きは、別の問題です。

実は、ふだんのほこのサイズが小さい人のほうが、勃起した時の膨張率《ぼうちょうりつ》（大きくふくらむ度合い）が大きくなるようです。つまり、ふだんのサイズに違いがあっても、勃起するとその差は小さくなるということです。

また、トイレの中で立って用を済ませている時などに、男子は隣の子と見比べたりすることが多いようですが、真上から見下ろす自分のほこは、隣の人のものより「小さく見える」ので、あまり気にしないほうがいいですね。

ただし、もしどうしても「自分は他の人たちと違うようだ」と気になることがあった場合は、保護者か保健の先生など、信頼できる大人に相談してみましょう。

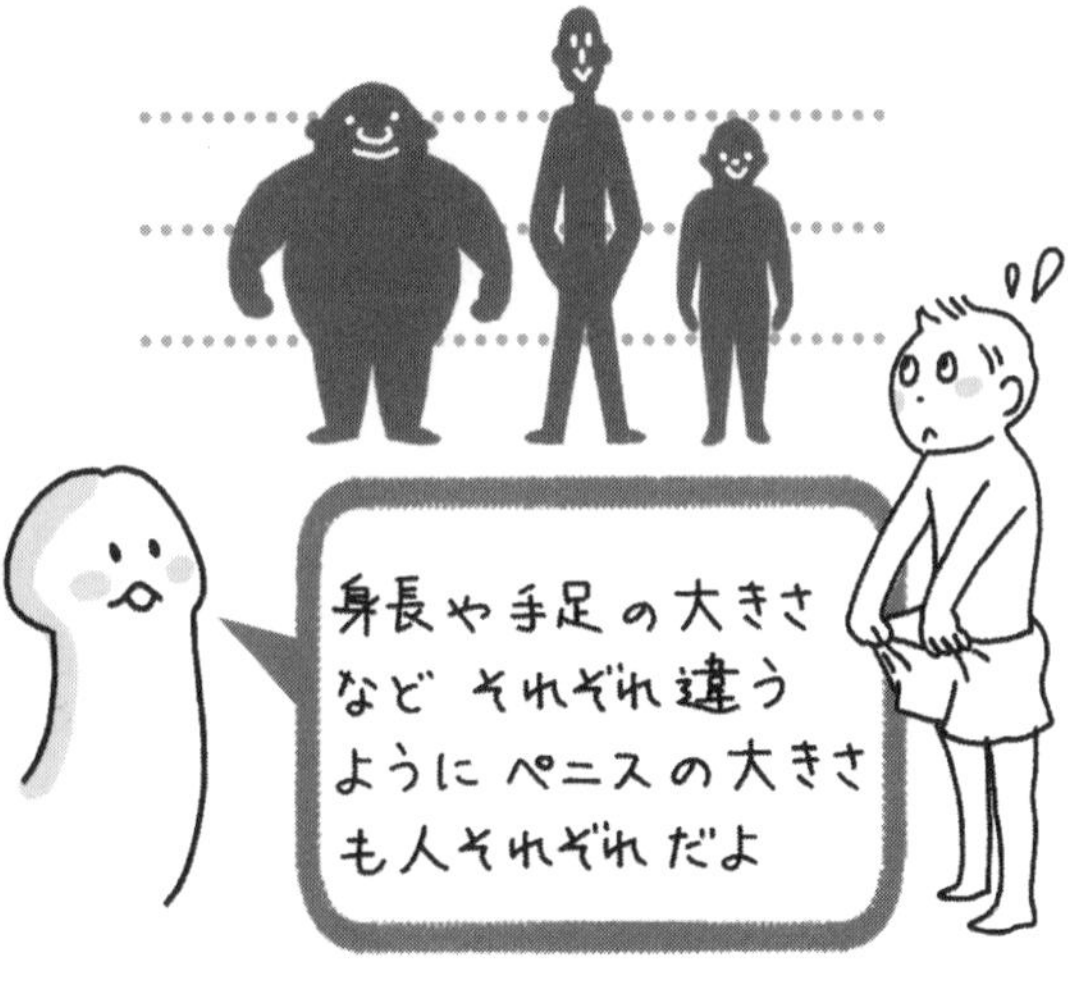
身長や手足の大きさ など それぞれ違う ように ペニスの大きさ も人それぞれ だよ

大人のための解説

この章で詳しくお話しした性器の形や性ホルモンの働き方が、一般的な女性・男性の発達の仕方に沿わない場合、【DSD（性分化疾患）】に該当することがあります。

およそ5000〜6000人に1人の割合で生まれるとされるDSDは、さまざまな病態を含む染色体異常や遺伝子の変異などが原因で、外性器・内性器・性ホルモンなどが、非定型的な状態となります。

生まれた時にDSDだとわかった場合も、医師から「女性」「男性」のどちらかの性別に判定されて育ちます。生まれた時にはDSDとはわからなかったお子さんが、もし思春期の第二次性徴の時に、「自分は他の同性たちと同じように体が変わらない」と悩んだ場合の、一つの道しるべとして今回はお伝えしました。

【気をつけたいこと】

ひと昔前まで、DSDは「中間の性」、「インターセックス（IS）」（※）などと呼ばれることがあったため、あえて自分を「どちらの性でもない中性」として自己表現することを選んだ人もいますが、実際には、ほとんどの人が「女性」「男性」として生活しているので、「IS」という表現は当事者を傷つけるおそれがあります。

そもそもプライベートゾーンである性器の状態に、当事者以外の人が興味を持つのは失礼になりますし、その状態を、心と体の性別が違う「トランスジェンダー」の人たちと混同して、「性の多様性」と捉えることは間違いなのです。

※参考：「IS」として生きることを選んだ人たちの事情については、マンガ『IS』（ドラマ化もされました）、映画『性別が、ない！』などで紹介されています。

第3章

男女が結ばれるって、どういうこと？

陰と陽——体の中にある正反対の性質

男女の結びつきについて考えるにあたって、ちょっと東洋思想の考え方を紹介しましょう。これは、古代の中国や日本などアジアの国々に伝えられてきた東洋医学（漢方《かんぽう》や鍼灸《しんきゅう》などで知られる）のもととなっているものです。

東洋思想では、女性と男性の体は、正反対の性質を持っていると考えられています。

左ページで紹介する図は、昔からある東洋哲学の考え方を表す「陰陽太極図《いんようたいきょくず》」です。見たことがある人もいると思います。

この形には深い意味があって、この世界のあらゆるものが、「陰」と「陽」という2つの正反対の性質のものが組み合わさってできている、ということを教えています。また、真っ二つに分かれているのではなく、境目《さかいめ》はそれぞれの相手の中に入り込むような形で、相手の中心にも小さな点となって入っているのが特徴

体の中にある正反対の性質

陰陽太極図
(黒色は陰を表し、白色は陽を表す)

陰=水のような性質……静かでゆっくり動き、しっとりとやわらかく、相手に合わせて形を変える
陽=火のような性質……活発ですばやく動き、緊張感があって硬く、自分を貫いて周りを変える

体の性別が女……陰の性質が多くて、陽の性質が少ない
体の性別が男……陽の性質が多くて、陰の性質が少ない
➡誰でも両方の性質を持っている!

です。

実際は青と赤の2色で描かれていて、青い部分が【陰】で、赤い部分が【陽】となります。

【陰】というのは、ちょうど水のような性質で、静かでゆっくり動き、しっとりしてやわらかく、相手に合わせて形を変えることが得意な性質です。

一方の【陽】というのは、ちょうど火のような性質で、活発で素早く動き、硬くて緊張感があって、自分の主張を貫いて周りを変えていくことが得意な性質です。

一般的に、体の性別が女性だと、陰（水の性質）が多くて、陽（火の性質）が少ない。反対に体の性別が男性だと、陽（火の性質）が多くて、陰（水の性質）が少ないとされています。

このことは、実際の体の仕組みにも合っているといえます。

女性の体では、女性ホルモンだけでなく、男性ホルモンも作られているのですが、男性よりかなり量が少ない。そして男性の体でも、男性ホルモンだけでなく、女性よりかなり少ない量ですが、女性ホルモンが作られています。

つまり、人間にとっての「陰の性質」「陽の性質」という考え方を、女性ホルモン・男性ホルモンの働きに当てはめて考えることもできそうです。

女性ホルモンは、柔らかく丸みのある体を作り、何かを守ろうとする母性的な働きを強めます。

男性ホルモンは、硬く筋肉質な体をつくり、性欲を高めるほか、何かに打ち勝とうとする闘争心を強める働きをします。

こうしてみると、世の中でよく言われる「女らしさ」「男らしさ」というのは、間違って決めつけられている部分もありますが、体の仕組みからいって、当たっている部分も少なくないことがわかります。

ただし、性ホルモンのバランスには、人それぞれの個人差があります。

女性でも「自分は火の性質が、ほかの女性より強めの性格だと思う」とか、男性でも「自分はけっこう水の性質が強いみたいだ」と思う人もいるでしょう。

でも、本当は誰でも【陰】と【陽】の両方の性質を持っているんですね。

生まれる前の胎児だった頃は、途中まで男女は同じ体の形をしていたわけです。

だから、いつもは女らしく見える人に、男っぽくなる時があっても変じゃないし、いつも男らしく見える人が、女っぽくなる時があっても、おかしいことではないのです。

「こんな自分は、女らしくない、男らしくない」と恥ずかしく思わなくていいんです。

また、私たちの世界には、この陰と陽のバランスが、多くの人と違った個性を持つ人たちがいます。

【セクシャルマイノリティ】って、どんな人たちのこと?

【セクシャルマイノリティ】という言葉を聞いたことはありますか?

世の中には、大半の人が当てはまる「マジョリティ(多数派)」に対して、少ない割合で存在する「マイノリティ(少数派)」の人たちがいます。

セクシャルマイノリティというのは、多くの人が「当たり前」と思っている「性の感じ方」について、特に2つの点で当てはまらない人たちのことです。

2つの点というのは、
①自分の性別は何だと感じるか? ――これを【性自認《せいじにん》】といいます。
②どの性別の人に対して、恋愛感情や性的な欲求(その人とくっつきたい、触れ合いたいという強い思い)が湧くか? ――これが湧いてくる相手の性別を【性指向《せいしこう》】といいます。

①セクシャルマイノリティの形――性自認～体の性別と心の性別

多くの人（マジョリティ）にとって、医学的にわかる体の性別を「自分の性別」だと感じ、異性に対して恋愛感情や性的な欲求が湧くのが自然なことに感じられます。

それに対して、体の性別と、自分で感じる心の性別（性自認）が一致していない人たちのことを【トランスジェンダー（T）】といいます。

体の性別が女性で、心が男性に生まれた人。

体の性別が男性で、心が女性に生まれた人。

どちらの場合も、体と心の性別が違うという意味で【性別違和《せいべついわ》】と呼ばれます。

以前は【性同一性障害《せいどういつせいしょうがい》】と呼ばれていましたが、病気ではなく、生まれつきの個性だと認められたのです。

お母さんのお腹の中で体が作られる時に、最初は女性型だった脳が、たっぷり男性ホルモンを浴びると、男性型の脳に変化していきます。つまり、体が女性でも心が男性になる人や、体は男性でも心が女性になる人がいるのは、このようにホルモンの働き方の違いによって、生まれる前に決まっていると考えられています。だから、生まれつきの個性として認めたほうが、本人にとっては自然に生きられるということです。

②セクシャルマイノリティの形――性指向〜心と体が求める相手の性別

次に「性指向」についてお話しします。マジョリティ（多数派）の男女にとっては、恋愛対象は異性であることが自然です。これを【ヘテロセクシャル】といいます。

それに対して、恋愛対象が同性であることが自然に感じることを【ホモセクシャル】といいます。

そのうち、女性同士は【レズビアン（L）】、男性同士は【ゲイ（G）】とされています。さらに、恋愛対象が異性と同性の両方である【バイセクシャル（B）】の人もいます。

以上の4つのタイプの頭文字を取って、【LGBT】と呼ばれています。

このほか最近では、【アセクシャル（A）】といって、誰に対しても性的な思いが湧かないという人たちがいることも知られるようになりました。

③セクシャルマイノリティの形――性自認×性指向＝4種類のあり方

ここで注意したいのは、「性自認」と「性指向」は、それぞれ別ものだということ。

性自認が体の性別と一致しない「性別違和」の人が、性指向は異性愛（ヘテロセクシャル）だった場合、他の人からは同性愛（ホモセクシャル）に見えることになります。

例えば、自分の体の性別が女で、心が男なら、女の人に恋するのは、異性愛ですよね。でも、他人から見たら、女性同士の同性愛だと誤解するかもしれません。
反対に、性別違和で同性愛の人は、肉体の性別からは異性愛に見えるということです。

例えば、自分の体の性別が男で、心の性別が女なら、女の人に恋するのは、本人にとっては女同士の同性愛ですが、他人からは男女の異性愛だと思われそうです。

結局、本当のことは、本人たちでないとわからないのです。

このように、私たちの世界では、大勢の多数派（マジョリティ）とは違う個性を持つ、少数派（マイノリティ）が存在するのが自然な状態だということを覚えておいてください。

私たちは、自分と違う反対のものに惹《ひ》かれる心と、自分と似ているものになじんで安心する心の両方を持っています。異性愛でも、同性愛でも、好きになる相手に対して、その両方の心が働いているはずです。

④本人からの「カミングアウト」と、他の人からの「アウティング」

日本ではいま、LGBTの人の割合は、12人に1人いると言われています。

でも、実際にそれほど多くのLGBTの人と出会わない気がするのは、外見だけではわからないこともありますが、LGBTの人が、多数派の人に「おかしな人」と思われるのがイヤで、あえて言わない場合が少なくないからです。

それに対して、勇気をもってはっきり周りの人に自分の性の個性を伝えることを「カミングアウトする」といいます。

ここで一つ気をつけたいことがあります。

誰かがLGBTであることを知った時、本人がみんなにカミングアウトしていないのに、勝手に他の人にバラしてしまうことを「アウティング」といいます。

たとえその人が自分に打ち明けてくれたとしても、他の人には知られたくない場合もあります。自分勝手な判断でアウティングをすることは、打ち明けた本人のプライバシーをないがしろにすることになり、された本人が傷つくことにもつながります。第三者にうっかり話してしまう前に、必ず本人の気持ちを確かめて、その意思を尊重しましょう。

私たちは、多数派であれ少数派であれ、自分にとっての当たり前の姿を大切にできるように、「命は多様性を持っている」という事実を認めることが大切です。

大人の女性と男性が結ばれること

大人の女性と男性が出会い、結ばれるというのは、どういうことなのでしょうか？

それは、**ふだんは他の人には見せない、さわらせない「プライベート・ゾーン」まで触れ合わせて、深いつながりを持つこと**です。

医学の言葉では、【性交・性行為】または【セックス】といいます。

21世紀の日本では、これを〝Hする〟と言う人が多くなっていますが、この言葉の本当の意味は、何だと思いますか？　実は、「HENTAI」の頭文字のHなんです。つまり、「Hする」ということは、「変態なことをする」と言っているのと同じ。私たちは、知らないうちに性行為のことを、ふざけてバカにするような言葉で表現していたのですね。

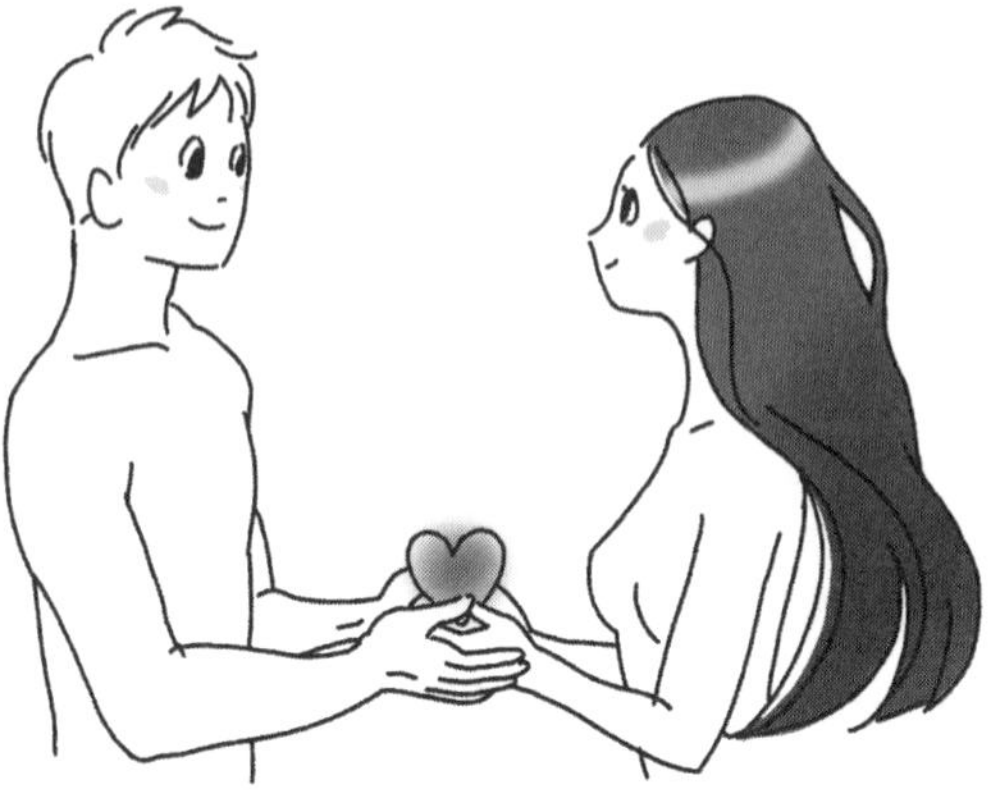

男女が結ばれるのは「まぐ合い」

日本の伝統的な言葉では、【まぐわい・まぐあい（目合い）】【まぐわう・まぐあう（目合う）】といって、目と目をしっかり合わせて愛情を通わせる意味だったり、【ちぎる（契る）】【ちぎりを交わす】と言って、お互いに固く約束をする、夫婦になる約束をするという真剣な意味がありました。

どちらも、相手を大切に思っていることが伝わってきます。

大人のための解説　性を語る言葉を、温かみのある「大和言葉」で取り戻そう

性の話を口にしづらい原因の一つとして、性行為や性器を指す言葉の「言いにくさ」が大きく影響しているのではないかと考えられます。

例えば、男性の外性器にしても、まじめに話そうとすると、医学用語の「陰茎」という親しみにくい言葉か、外来語の「ペニス」という海外から借りてきた言葉のどちらかになってしまう。

普通の日本語で言おうとすると、幼児語の「おちんちん」のほかには、ひわいなイメージがついた俗っぽい言葉しか、世の中には見当たりません。

〝お腹〟や〝背中〟などと同じように、当たり前に口にできる日本語はなかったのか？　と疑問に思って、古い言葉を調べるうちに、素朴で温かい音の響きを持つ「大和言葉」にたどり着きました。

それが、第2章でご紹介した、【ほこ】や【ほと】です。

このほか、医学用語では【陰核】、一般には【クリトリス】という外来語しか知られていない、女性の外性器の部分にも、ちゃんと【さね】という日本語の名前が存在していました。これは、「果実、木の実などの中心にある堅い部分。種」という意味を持っていて、まさにその姿を的確に表現しています。

このように、男女の性器や性行為のことを、外来語や下品なイメージがついた俗語ではなく、「大和言葉」で呼ぶことを、10年ほど前から提案してきました。するとそのイメージがガラリと変わり、口にしやすくなることが、多くの読者の体験を通じて確かめられています。

現在の国語辞典には、性行為を指す古い言葉として、【まぐわい（目合い）】という言葉が載せられています。ただし、この言葉は、漢字の当て方からみても、本来は「まぐあい」だったのではないかと私は考えています。

なぜなら、古くは「あう」という言葉だけで、男女のデートのことを意味してもいたからです。そこで、もともとは「まぐあう」だったものが、「あ」の音が「わ」に転化して、「まぐわう」と伝えられたのではないかと私は解釈しています。

また、「まぐあい」の「あい」は、「愛」にも通じて、音の響きが良いので、私は「まぐあい」「まぐあう」という言い方を採用しています。

もちろん、辞書に従って、通例通り「まぐわい」「まぐわう」と読んでもいいと思います。そこで、どちらの読み方もできるように、本書では「まぐ合い」「まぐ合う」と表記しています。

昔の人が残した「まぐ合いは神聖なもの」という思い

135ページの図は何のマークでしょうか？

〝パソコンのスイッチだ！〟と思った人もいると思います。

実はこの形は、5000年以上昔の日本の縄文時代や、同じ時代のヨーロッパのアイルランド地方などでよく作られていた、「ストーンサークル」のデザインなのです。ストーンサークルというのは、昔の人が聖地（今でいう神社仏閣や教会のような、神聖な場所）に集まって、自然界を動かす神々に、祈りを捧げるために造られたといわれています。

この形が何を表しているのかは謎だとされていますが、ここでは面白い見方をお教えします。

丸い輪っかは、女性的な性質を表していると考えられます。

女性的な性質というのは、赤ちゃんを包む子宮や、丸い卵子の形と同じように、【丸く包む受容性（相手を受け入れる心）】です。

直線は、男性的な性質を表していると考えられます。

男性的な性質というのは【まっすぐ自分を貫く力】です。

そう思って眺めてみると、このマークは、丸い卵子の中に、直線的な精子がまっすぐ入って、受精する時の形に似ています。

そしてもう一つ、この2つの形は、ちょうど女性の生殖器と、男性の生殖器の形にも似ているのがわかりますか？

昔の人は「まぐ合い」を神聖なものと考えた

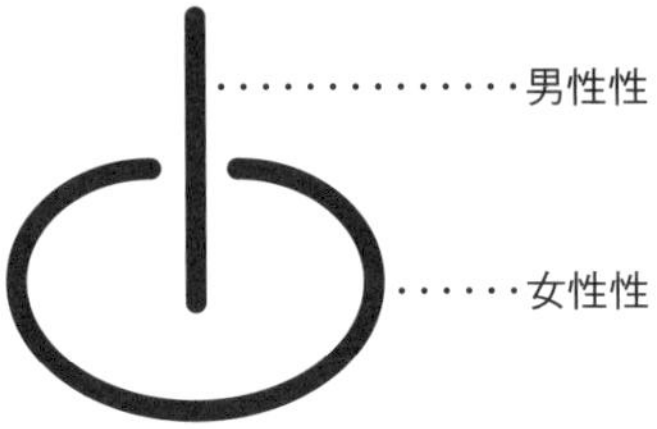

【直線】：男性的な性質（男性性）
中心を立てる・まっすぐ貫く力

【丸い輪】：女性的な性質（女性性）
丸く包む・受容性（相手を受け入れる心）

縄文の遺蹟（環状列石）

アイルランドのストーンサークル

実際に、縄文時代には、女性器と男性器によく似た形をした道具が、神様に祈る儀式の時に使われていました。そうして人々が子宝に恵まれるように、食べ物にも恵まれて、平和に暮らせるようにという祈りを、生殖器の形で表現したのでしょう。

その儀式では、女性器と男性器を合わせるような動作をしていたと考えられます。つまり、実際の〔まぐ合い〕の形を表現していたということです。

ふだんはスポンジのようにやわらかい男性の〔ほこ〕に、たくさんの血液が流れ込んで、勃起をすると、まっすぐ自分を貫く【陽】の力がみなぎります。

その反対に、ふだんは狭く固く閉まっている女性の〔ほと〕が、やわらかくゆるんで開いてくると、相手を丸く受け入れて包み込む【陰】の力でいっぱいになります。

そこで、〔ほこ〕が〔ほと〕の中に入ることができます。

膣口の筋肉は、巾着袋のようにヒダが寄っています。

そのため、ふだんは口が小さく閉じていても、心がリラックスして、体の準備が整うと、口の筋肉が広がって、いつもは入らないはずの、太くて大きなものが通ることができるようになるのです。

実は、今の神社でも、昔と同じ形で祈りの儀式をする所が、各地に残っています。それは、もともと昔の人が「男女のまぐ合い」を、神聖なもの、つまり「大切な自然の恵み」だと考えていたことの名残なのです。

それは「子宮」という漢字を見てもわかります。「子どもを授かるお宮」という意味になっています。神社の中で、神様が祀《まつ》られている建物を「お宮」と言います。

そして、子宮と外の世界をつなぐ「膣《ほと》」は、赤ちゃんが生まれ出てくる「産《さん》道《どう》」と呼ばれますが、男性器がお宮参りをするために、膣の中を神社の「参道《さんどう》」と同じように入ってくると考えると、日本語はダジャレでできているみたいですよね。

この時、生まれて初めてまぐ合いをした場合に、【処女膜《しょじょまく》】というヒダがこすれたり切れたりして、少し血が出てくる人もいますが、すぐに止まります。また、ほとんど血は出ない人もいます。

先ほど、昔の言葉で、膣は【ほと】、陰茎は【ほこ】と呼ばれていたというお話をしました。

ほとは、温かなかまど。ほこは、ひんやりした剣です。

つまり、男女のまぐ合いというのは、女性の温かなかまどの中に、男性のひんやりとして硬い剣を差し入れて、火の中で鍛えられて、温かな熱で溶かされて、また明日から元気で働けるエネルギーを吹き込んでもらう、そんな行為であることがわかります。

ここでもう一つ、膣のことを呼ぶ昔の言葉をご紹介しましょう。

【美斗《みと》】——これは、【美しい入れもの】という意味です。

温かなほと（膣）で、ほこ（陰茎）が溶かされる

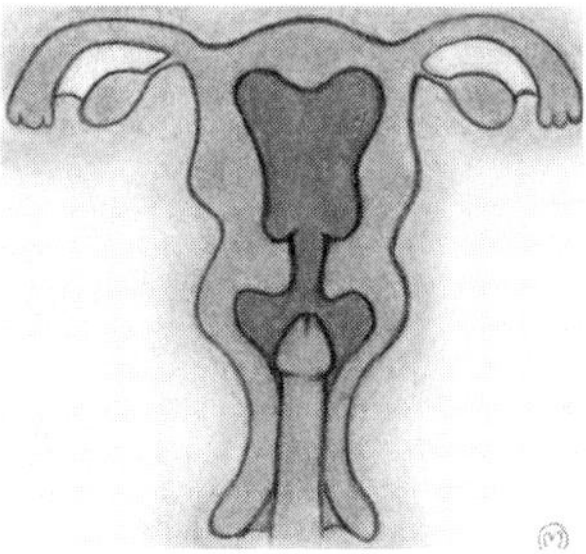

【子宮】＝子を授かるお宮

【膣（ほと）】
＝子が生まれる道（産道）

神社の参道を通り、男根（ほこ）がお宮（子宮）参りに来るともたとえられる

昔の人は、赤ちゃんという新しい命が生まれ出てくる通り道でもあり、男性の【ほこ】を温めてくれるかまどでもある膣を、美しい、尊い場所だと、ほめたたえていたんですね。

精子は「生存競争」じゃなく「チームプレイ」をしていた！

そうして女性器と、勃起した男性器が触れ合うと、射精をしても、しなくても、精子が子宮の中に泳ぎ着いて、妊娠をする可能性があります。

1回の射精で放出される精液の中には、1億から4億個もの精子が含まれていると言われています。

ただし、子宮の中は精子にとって生き残りにくい環境になっているため、どんどん死んでいき、卵子のそばまでたどり着けるのは、わずか数百個ほどの、特に生命力が強いものだけ。

生き残った少数精鋭の精子たちは、次ページの絵のように卵子を取り囲んで、

精子はチームプレイをしていた

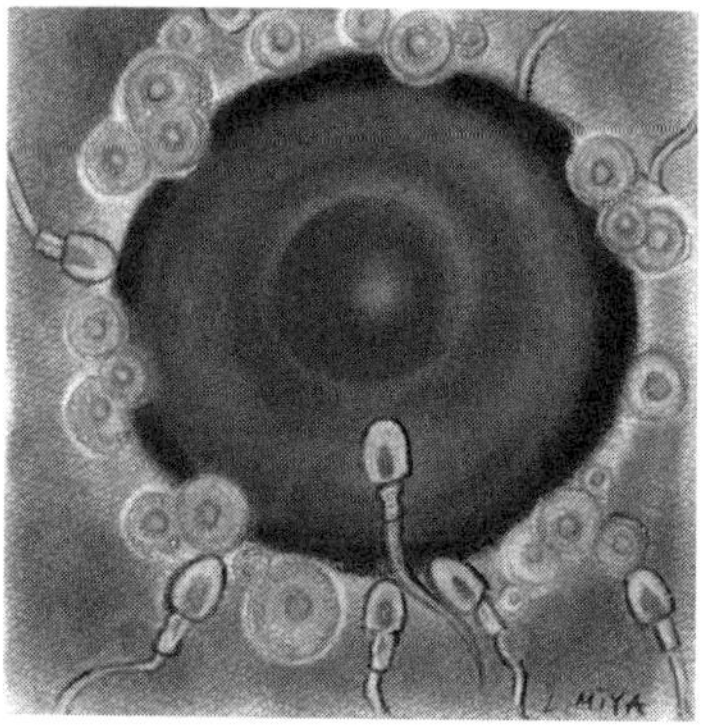

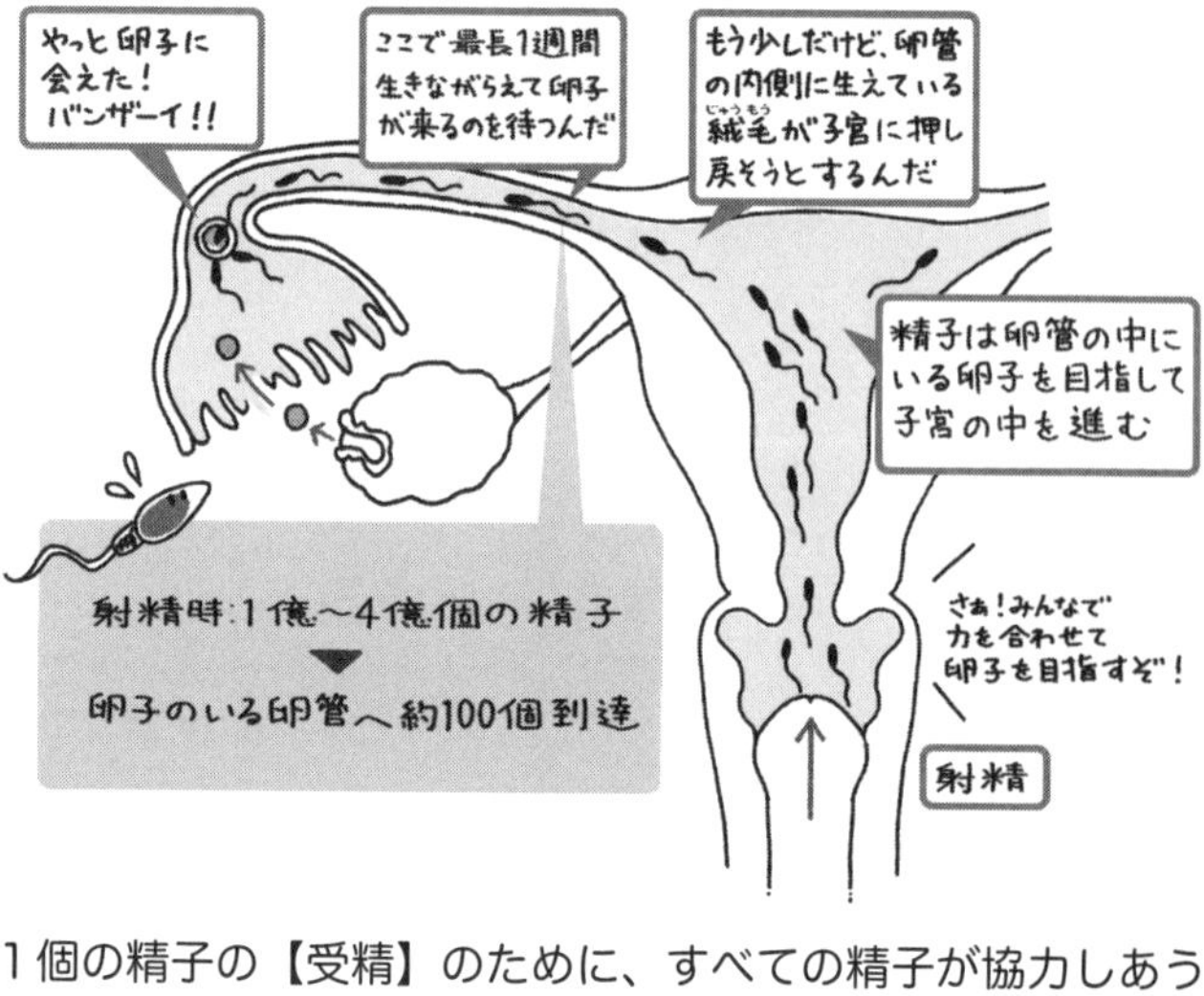
やっと卵子に
会えた！
バンザーイ!!
ここで最長1週間
生きながらえて卵子
が来るのを待つんだ
もう少しだけど、卵管
の内側に生えている
絨毛《じゅうもう》が子宮に押し
戻そうとするんだ
精子は卵管の中に
いる卵子を目指して
子宮の中を進む
射精時：1億〜4億個の精子
▼
卵子のいる卵管へ約100個到達
さぁ！みんなで
力を合わせて
卵子を目指すぞ！
射精

1個の精子の【受精】のために、すべての精子が協力しあう

みんなで卵子を包む分厚い膜を溶かそうとします。

卵子と結びつくことができる精子は1個だけなので、20世紀までの科学の世界では、精子は競争をして勝ち抜いた強い者が生き残ると言われていました。ところが、実は精子たちは、競争ではなくチームプレイをしていたんです!

そして、どれか1個の精子が卵子の膜を破って入り込むと、もう他の精子は卵子の膜の中に入れなくなります。

精子と卵子が結びつくことを【受精】と言いますが、その瞬間、受精した卵は、ピカッと強く光るのだそうです。私たちの命が始まる時には、まるで生まれたばかりの星が輝くような、大きなエネルギーが働いていたということですね。

第4章

「幸せな性」を体験するために必要なこと

人間のまぐ合いが、動物の交尾と大きく違う点

動物の交尾《こうび》と人間のまぐ合いには、大きく違う点が一つあります。それは、人間のまぐ合いは、「子どもをつくるためだけに行うのではない」という点です。

では、何のために人はまぐ合いをするのでしょうか？

①触れ合う喜び

私の息子がまだ生後1カ月の頃に撮った、忘れられない写真があります。それは、祖父母の手で家族と同じお風呂に入れてもらっていた時の様子です。

最初は初めての状況に対して不安そうに固まっていた息子の表情が、お祖父《じい》ちゃんの手で抱き支えられながら湯舟につかり、お祖母ちゃんの手で全身を優しく

撫《な》で洗いされているうちに、次第にやわらいでいき、やがてとろけるような「うっとり」とした表情へと変わった時、それはまるで「〝気持ちいい〟とは、こういうことだ」と教える見本のような気がしたものです。

人がまぐ合いを求めるのは、このように**「人の肌で優しく触れられ、温められること」で感じられる、気持ち良さと幸福感**を味わえるからだと言えます。

これは、リラックスした気持ちで触れ合うことによって、体の中で「オキシトシン」という、幸せを感じさせる働きを持つホルモンが作られるからでもあります。

だから、逆に言うとそのような**気持ち良さや幸福感を感じられないまぐ合いは、私たちの喜びにはつながらない**のです。

また、この幸福感は、私たちがお母さんのお腹の中で、全身が包まれ守られていた「絶対的な安心

感」を再現するようなものとも言えます。

特に男性の場合は、女性より早い年齢で、母親とベタベタしないように自分を切り離していくので、もう一度その安らぎを味わえる、久しぶりの時間となります。

そして、女性にとっては、お母さんに包まれていた時のような安らぎと同時に、自分がお母さんになって相手を包んであげるような幸せも体験できる機会となるのです。（また、その反対に男性が女性を包んであげたい気持ちになることもあるでしょう。）

②体と心のリラックス効果

私たちの体は、神経がシャキン！と張り詰める「緊張」と、ほろっとゆるむ「リラックス」とを繰り返すことで、健康でいられるようにできています。

例えば、仕事や勉強、スポーツやゲームをしている時、神経は緊張モードになっています。また、悩みや心配事がある時もそうです。

それに対して、神経がリラックスモードになるのは、落ち着いて飲んだり食べたりしている時、深呼吸をしたり、ヨガや瞑想《めいそう》をしている時、体と心が休まっている時、好きな趣味でストレスを解消している時、そして「まぐ合いを楽しんでいる時」なのです。だから私たちは、神経の緊張モードが続いた後には、こうした行動を自然としたくなるのです。

性的な感覚は、リラックスしている時により感じやすく、緊張している時には感じにくくなります。人が性行為を求める原因には、

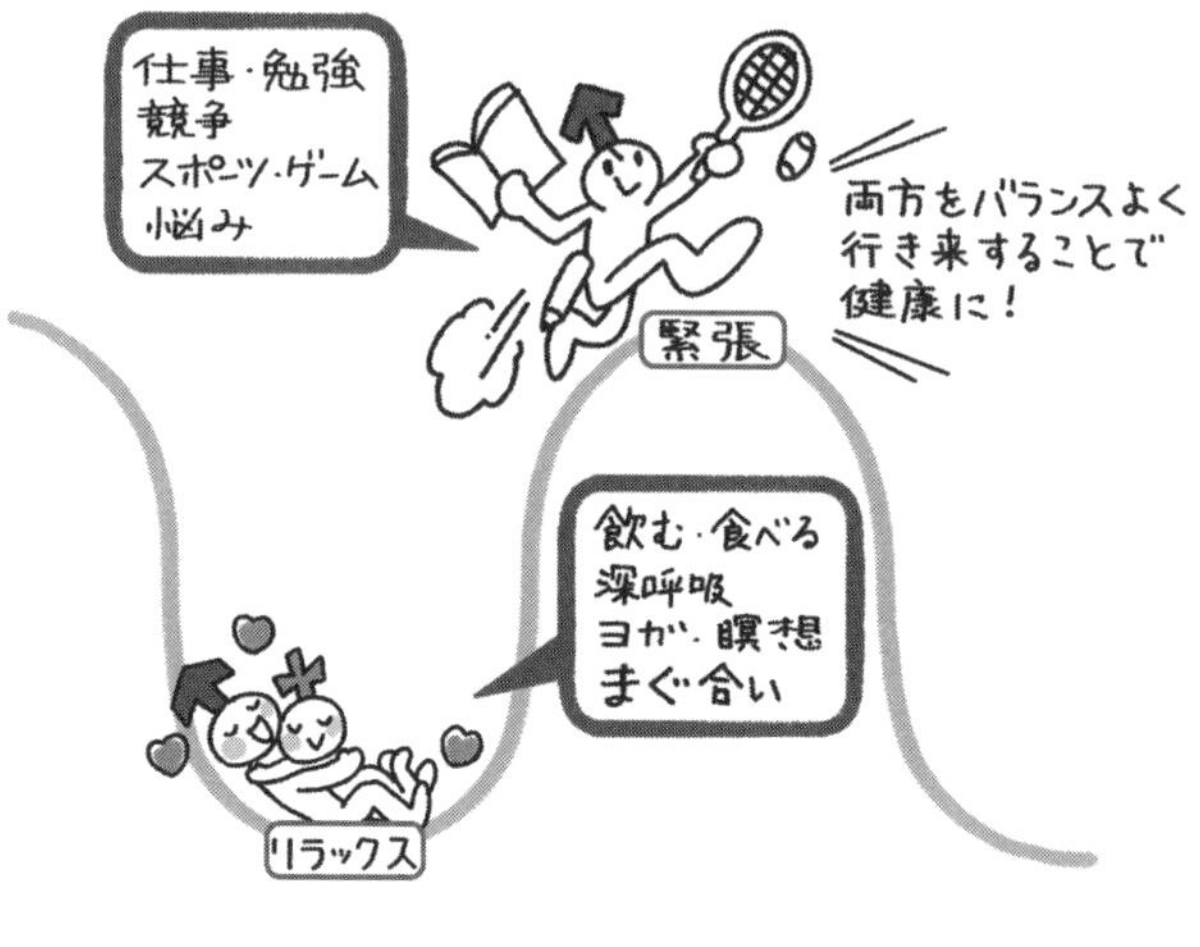

人生の中に体と心をリラックスさせる時間を取り入れて、健康であろうとする本能も含まれているのではないでしょうか。

③自然な自分に帰れることによる癒し効果

私たちの体は、自然界からいろいろなエネルギーを取り入れています。海のそばや森の中へ行って「癒された～」と感じるのは、自然からエネルギーをもらって元気になった証拠なんです。

それと同じように、二人が体を合わせると同時に、心を合わせて、自分の元気を相手にも分け与えるような気持ちで、お互いにめぐらせることで、二人とも元気になる。いいまぐ合いには、そんな効果があります。

性的に健康な人同士が出会って、お互いに思いやり合いながら、体から生まれる喜びを分かち合うことは、とても自然で美しいことなのです。

幸せの性、まぐ合い

人間の性行為は、子どもをつくるためだけに行うのではない。

①触れ合う喜び
（愛情ホルモン・オキシトシンが湧く）
②体と心のリラックス　↔　緊張
（健康によい）　（仕事・勉強、競争、スポーツ・ゲーム、悩み・心配事）

☆女性の体は、自然界からたくさんエネルギーを受け取れるようにできています。
☆男性の体は、女性からたくさんエネルギーを受け取れるようにできています。

二人が相手の心と体を思いやる、優しい気持ちでまぐ合いをすると、体の中で、さまざまな良い変化が起こります。体を健康にするホルモンや、神経や細胞を流れる電気の働きで、空気をきれいにするような心地よいエネルギーが作られて、体の外にあふれ出してきます。こうして、人は自然界に、いいエネルギーをお返しすることができるのです。

月とつながって動く肉体を持つ女性は、自然界の生命力を高めるネルギーを、男性より少し早く、たくさん受け取れるようにできています。

それに対して男性は、女性を通して、生命力を高めるエネルギーを、たくさん受け取れるようにできています。

だから女性の皆さんは、もっとヤセてないとダメだとか、もっと可愛くないとイヤだとか思わないで、今の自分に自信を持ってほしいと思います。

女性は、ただそこにいるだけで、男性を充電するように元気にする力があります。

男性の体は、硬くて緊張しやすいのですが、女性はそれをやわらかくリラックスさせることができるのです。

そして男性は、そのお返しのように、安定した体力を活かして、女性が安心して働いたり休んだりできるように助けることができます。

どちらがえらいとか、どちらが上ということはなく、体の仕組みが違う男女が力を合わせることで、この世界をより良くするための、さまざまな働きが実現するのです。

子どもという新しい命を産み出すだけでなく、私たちが幸せに暮らすための役に立つ、新しいものや、新しい仕組みを作り出す力が湧いてくるのです。

自分の体のプライベートゾーンを含めた全部を使って、人とつながることを、早く知りたいという思いが強い人は、高校卒業までにまぐ合いを体験するかもしれません。

一般的には、心の成長が体の成長に追いつくのを待って、大学生や社会人になってから体験する人が多いでしょう。中には、本当に自分にとって相性がいい人と出会えるのをじっくり待って、三十代になってから初めて体験するという人もいますし、人それぞれのペースがあります。

「早く体験するほうが早く大人になれる」と思い込んで、焦る必要はありません。それよりも、一つ一つの体験を大切にできたかどうかに意味があります。

ただし、子どもを産むことを考えている女性の場合は、卵巣の中の卵子が、年齢と共に老化

とにかく早く体験したいっ
本当に合う人をじっくり探したい
子どもを産みたい女性は卵子の年齢のことも考えておいてね

して妊娠しにくくなることを考えて、あまり時期が遅くならないように行動しましょう。

安全で代表的な「避妊」の方法

まぐ合いをする時、妊娠を望んでいない場合は、「避妊」の方法について知っておく必要があります。

たとえ男性が射精をしなくても、勃起した男性器と女性器が直接つながったら、妊娠の可能性があるからです（第2章で、尿を洗い流してくれるカウパー腺液の中に、少し精子が入っていることをお話ししました）。

安全で代表的な方法はこちらです。

【①コンドーム】　薄くてよく伸びるゴムのような袋を、ほこ（陰茎）にかぶせて、ほと（膣）の中に直接触れるのを防ぎます。射精すると、精液がこの袋の中に溜まるので、外へこぼれ出してしまう前に、すぐにはずして捨てるようにします。

これを使うと、「性感染症」（＝性行為で感染する病気）も予防できるという効果もあります。

詳しい使い方は、「コンドームの達人」と呼ばれるお医者さんのＹｏｕＴｕｂｅ動画などを見てください（※）。ただし、コンドームは正しく使っても、避妊の成功率は90％ぐらいだそうです。

【②ＯＣ（低用量ピル）】 これは、女性の排卵が起こらないように女性ホルモンを調節する薬で、毎日同じ時間に飲む必要があります。

避妊の成功率はほぼ１００％ですが、つい飲み忘れたり、吐き気などの副作用が強く起こる人もいます。

このほか、無理やり性行為をされる「レイプ」に遭った時などは、たとえ性行

※ http://iwamuro.jp/archives/category/youtube/

安全で代表的な「避妊」の方法

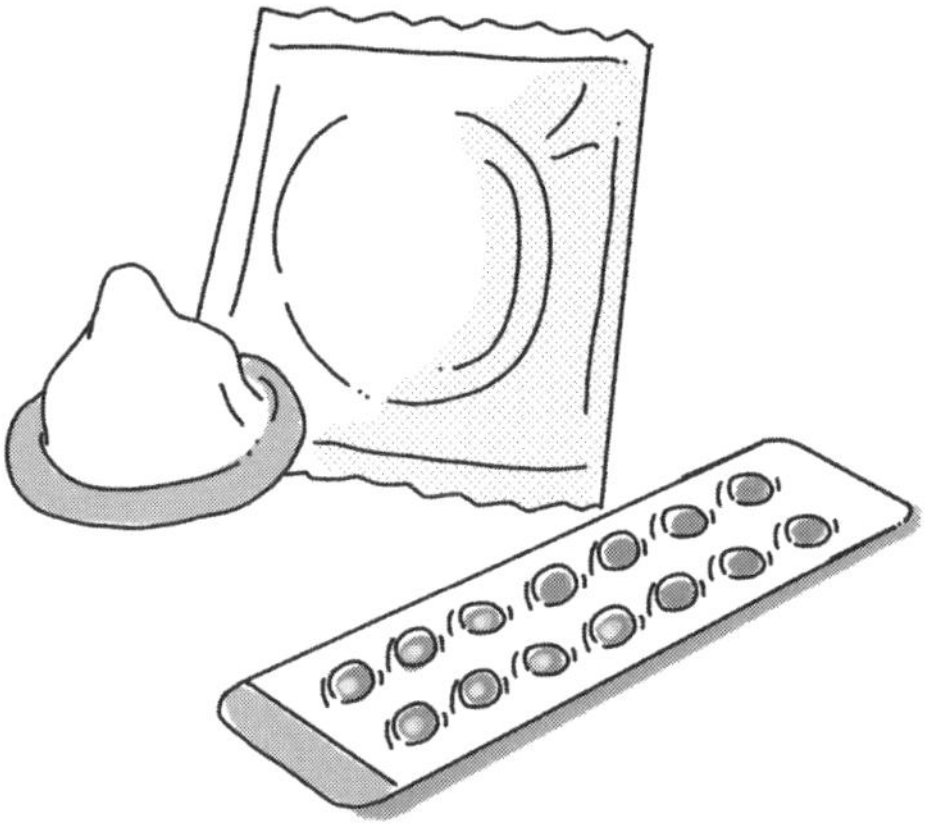

①コンドーム

「性感染症」(性行為で感染する病気)も予防できる

※「コンドームの達人」と呼ばれる男性医師が正しい装着方法を教えるWebサイトを参照して

② OC(低用量ピル)

女性が飲んで女性ホルモンをコントロールする(排卵を調節する)

※性行為後、72時間以内の緊急避妊薬「モーニングアフターピル」もある

③性交をしない

性器を触れ合わせない“セクシャルコミュニケーション”

為をしてしまった後からでも、72時間以内なら確実に避妊ができる「モーニングアフターピル」という緊急避妊薬があります。いざという時には病院で処方してもらうことができます。

2020年からは、直接病院に行かなくても、オンラインで診療を受けて、自宅へ送ってもらうこともできるようになりました。

（※海外では、病院に行かなくてもそれらの薬を薬局で買える国がたくさんあります。日本でも、近い将来そうなるように法律を変えようとする動きが起こっています。）

妊娠した場合の選択肢

まだ皆さんが社会人になる前の学生のうちは、もし子どもができたら、それを受け止められるか？　ということも考えてみましょう。

子どもができることそのものは、悪いことではありません。

世界に新しい人間を産み出すのは、意味があることです。

世の中には、学校をやめて赤ちゃんを育てるという人もいれば、学校はやめずに、パートナーや両親、保育士さんに手伝ってもらいながら育てるという人もいます。

でも、どうしても自分では育てることができない場合は、どうしたらいいのでしょうか？　そんな時にも、生まれた子どもを育てられる仕組みが、社会には用意されています。

①「自分と血がつながっていなくてもいいから、子どもが欲しい」と希望している夫婦の「養子」にしてもらえる場合があります。

②「今は育てられないけれど、将来、育てられるようになったら育てたい」という気持ちがある場合は、一時的に親代わりをしてくれる人に預ける「里親」という制度もあります。

③最後の非常手段として、まだお腹の中で子どもの体が大きく育つ前（12週末

満）であれば、子宮の中身を取り除いてしまう「人工妊娠中絶手術」も病院で行われています。法律で認められている方法ですが、女性の体や心に負担がかかるという欠点があります。

どんな生き方を選ぶにしても、困った時は、一人で抱え込まないで、信頼できる大人に相談して、後悔しない決断をしてほしいと思います。

そこで、自分に責任が持てるようになるまでは**【性交はしない】という選択肢**もあります。

性器は触れ合わないように、例えばハグやキスなどの「セクシャルコミュニケーション」でも、愛を深めることはできます。

大人のための補足「セーフアボーション（安全な中絶）」を求める動きについて

日本では長い間、人工妊娠中絶手術は、子宮の中身を器具でかき出すことで、内臓を傷つけるリスクを伴う「掻爬《そうは》法」が主流でした。現在、２０１５年に認可された、より安全な「吸引法」への切り替えを求める情報発信が、一部の産婦人科医や女性団体から活発に行われています。

さらに、手術より安全な方法として、海外では、すでに70カ国以上の国々で、「経口《けいこう》妊娠中絶薬」の使用が認められています。

これは、妊娠初期（最終月経から49日目まで）に飲むと、自然に子宮の中身が排出されるというもの。これによって、女性がさまざまなリスクを伴う妊娠中絶手術から解放されるメリットがあります。

日本でもようやく安全性が認められ、２０２１年のうちに認可されることが決まりました。

教えて！ ウチの子の場合

Q 「中3の娘の母親です。実は、娘が交際していた同級生の男の子と初めてセックスをしたことを、まず保健室の先生に相談したそうです。母親にも伝えていないということで、私はその先生からの連絡で知り驚きました。

幸い無理やりの行為ではなく、妊娠もしていないことがわかりましたが、相手の男の子とは気まずくなって、交際をやめたそうです。

私はなるべく責めないように落ち着いて受け止めるようにしていましたが、今後の性教育や、幸せなパートナー選びのことを考えて、今からでも何か言ってあげられることはないのだろうかと悩んでいます」

A　娘さんがお相手の男の子と気まずくなったということは、まだお互いに心と体の準備が整っていない状態での体験だったのでしょうね。特に、初体験では膣への陰茎の挿入がスムーズにいかずに痛みを伴いやすいものですが、相手の男の子も初体験であれば、アダルト動画などの見よう見まねで、無理やり押し込むようなやり方になっていた可能性が高いでしょう。

そこで例えば、まず「（初体験の時）痛くなかった？」と、具体的な思いやりの言葉をかけてあげるとよいかもしれません。

次に、もしお母さんにも、過去の性関係で痛みを感じたことがあれば、「お母さんも痛かったことあるよ」と理解を示してあげるといいでしょう。

そこから先は、もしお母さん自身が、娘さんのお父さんであるご主人と、幸せな性生活の体験が過去でも現在でもあったとすれば、それは性教育をする上で、強みになるという自信を持ってください。例えば、こんな言い方もできます。

「でもお父さんとは、そういうことがなくて、幸せだったの。相性が良かったと思うし、お父さんがお母さんのことを本当に大切にしてくれたのが良か

ったんでしょうね。あなたが将来、そういう相手と出会えたら嬉しいな」

思春期の子どもたちの多くは、「親とはそういう話はできないもの」と思っています。

でも、自分のお母さんとは「話していいんだ……！」とわかると、きっと今後の将来にわたっての大きな力づけとなることでしょう。

また、話を切り出す時は「一般論」から入ったとしても、そこに親御さんが「自分ごと」として語った言葉が加わると、さらにお子さんの心に深く届くことと思います。

ただし、「自分の性体験のことを、わが子にあまり話したくない」と感じるなら、そのご自分の気持ちを尊重してください。それは、親子の間でも、独立した人間同士として「プライバシー」を尊重し合うことも大切だからです。決して〝何でも開けっぴろげに話したほうがいい〟という意味ではないので、安心してください。

男女のことは昔から「秘めごと」とも表現していました。「自分と相手だけの心の秘密」として、大切にしまっておくのもよし、ということです。

性のエネルギーは「生命力」の表れ

恋人がいても、まぐ合いをしないようにがまんするのはつらいと思う人もいるでしょう。

【性欲（性的な欲求）】の強さは人によって違いますが、性欲があるのは「健康なこと」で、恥ずかしいことではありません。なぜなら、性のエネルギーは、私たちの生命力のあかしだからです。

そんなふうに理解して、自分の性エネルギーや性欲と上手につき合える大人になってほしいと思います。

性欲は、まぐ合いの相手がいない時にも、違う形で満たすことができます。

「一人でする性行為」のことを、日本語では【自慰《じい》】、外来語で【マスターベーション】、【オナニー】という言葉も使われていますが、最近は、「自分でする喜び・楽しみ」という意味で【セルフプレジャー】という言葉も使われています。これを日本語で言うなら、自分を愛する「自愛」と表現してもいいでしょう（ただしこれは、本来は「体を大切にする」という意味の言葉です）。

何をするのか簡単に言うと「**自分のプライベート・ゾーンに触れて、気持ちよさを体験すること**」です。この時、男性は最後に射精をする人が多いと思いますが、必ず射精しないといけないわけではありません。どうすれば射精できるのかという練習は必要ですが、それだけを目的にすると、疲れてしまうかもしれません。

人間の性には、「触れ合う喜び」「体と心のリラックス」という目的があることをお話ししましたが、自分の体のことも、雑に扱うのではなく、ていねいに扱いましょう。

【セルフプレジャー（自慰、マスターベーション、オナニー）】
＝自分のプライベート・ゾーンに触れて、気持ちよさを体験すること
＝自分に居心地がいいことをする、自分の体のお世話をすること

⬇

自分の体の扱い方がわかると……
◎相手に伝えられる　◎相手の気持ちよさも尊重できる

だから、壁や床などの硬いものに〔ほこ〕をこすりつけて刺激するのは、いいことではありません。それに慣れてしまうと、人間のやわらかい肌で触れても、射精できなくなるおそれがあるからです。

女性の場合は、大人でもセルフプレジャーを経験したことがない人が3分の1くらいいますが、中には幼児や小学生の頃から、自分のプライベート・ゾーンに触れると、心が落ち着いたり、気持ちがよくなることに気がついて、始めていた人もいるので、人それぞれです。

セルフプレジャーも「自分の体にとって心地がいいことをする」、つまり「自分の体のお世話をすること」の一つなんです。お腹や手足を気持ちよくマッサージすることの続きなんですね。

そうして自分の体の扱い方がよくわかるようになると、まぐ合いをする時にも、それを相手に伝えることができますし、相手の体の気持ちよさも尊重できるようになります。

月に1回ずつの排卵のリズムを持つ女性と違って、男性の体は、いったん精通を経験すると、毎日のように新しく精子を生み出し続けます。

そのため、特にまだ自分の性エネルギーに慣れない思春期の頃は、それを外へ向かって発散したいという、ウズウズするような性の欲求が強く湧いてきます。

すると、女性に近づきたい気持ちや、好きな人に触れたい、まぐ合いたいという気持ちの中身が、相手への愛情よりも、自分の欲求のほうが大きくなってしまいやすいのです。

そこで、セルフプレジャーによって、自分で自分の欲求を満たしてあげることで、気持ちが落ち着いて、相手を大切にする行動が取れるようになります。

これは、男性ホルモンの働きが活発で、性欲が強めの女性にも当てはまることです。

169ページの図を見てください。これは、インドや日本・中国などの東アジアに古くから伝えられている、体の中のエネルギーの動きを表したものです。

私たちをこの世に産み出した、「生命力」という強いエネルギーは、はじめは性器から湧いてきますが、体の中心線を通って、下から上の方向へ昇っていく性質があります。

この「生命力」は、性器の部分ではウズウズする「性欲」として感じますが、それが胸まで昇ってくると「深い愛」と感じられるようになり、さらに頭のほうまで来ると「神聖な思い」として感じられるようにもなります。

性のエネルギーは、セルフプレジャーをするほか、スポーツやダンスなど体を動かすこと、またボランティア活動など人のために動くことを通じて、自分や周りの人を幸せにする形で高めていくことができます。

こうして私たちは、性のエネルギーを大切に扱うことを通して、人に対する愛や思いやりを育てることができるのです。

性のエネルギーは「生命力」の表れ

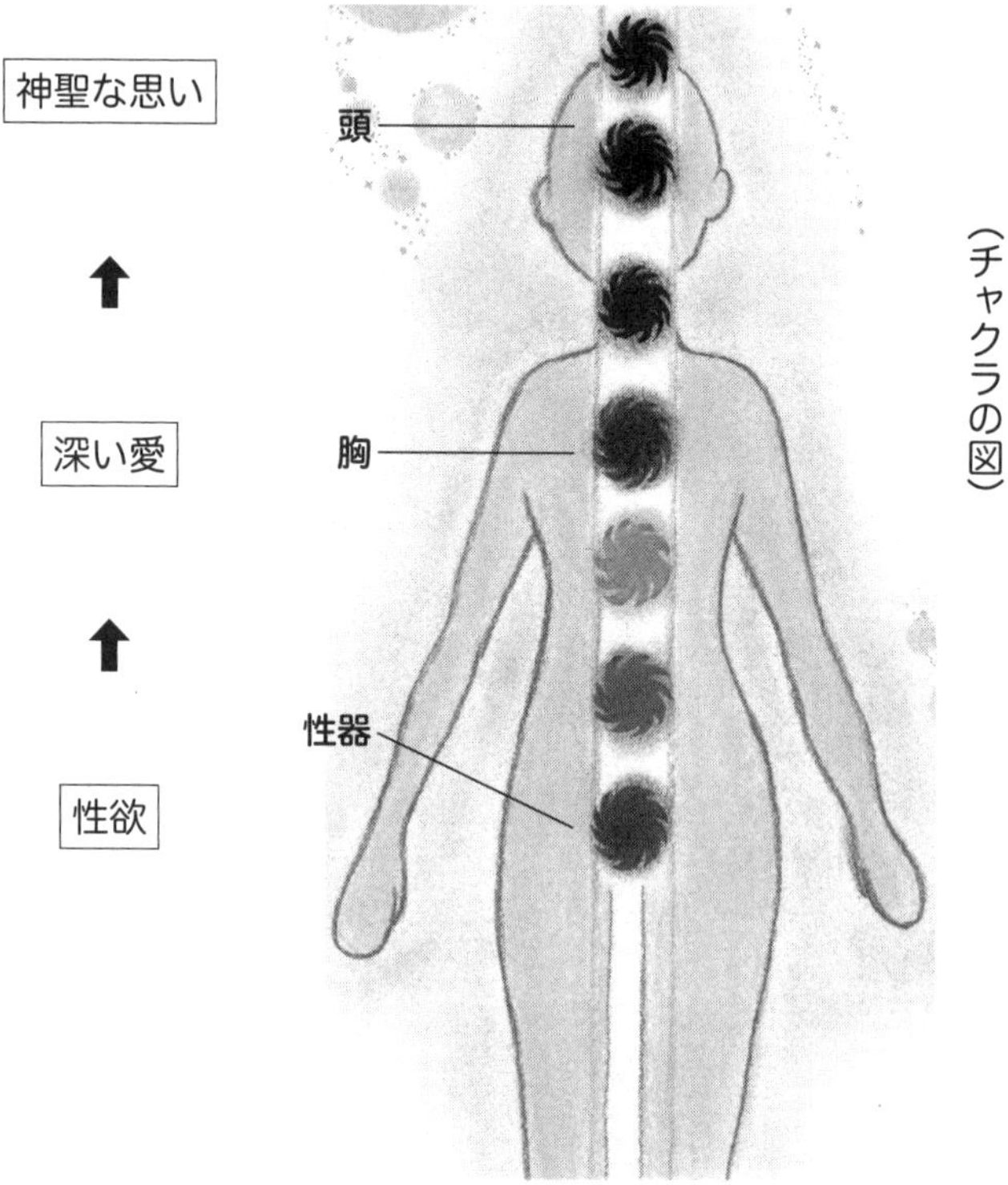

性欲（性的な欲求）は健康なあかし
自分の性エネルギー＆性欲と上手につき合える大人になろう！

教えて！ ウチの子の場合

Q「4歳の娘の母親です。最近、娘が股間にぬいぐるみを押しつけて、顔を真っ赤にしていることがあり、自慰をしているのではないかと思います。物陰に隠れてしていたこともありますが、私のいる前でしていたこともあります。もし人前ですることがあったらまずいと思うので、どう注意したらいいか悩んでいます。

実は私自身もちょうど4歳頃に、鉄棒が性器に当たると気持ちよくなることに気づいて、こすりつけていたら、母に『何してるの！』と強く叱られたことがあります。それ以来、『いけないこと』だと思って、隠れてするようになりました」

A　このお母さんのように、子どもの頃にセルフプレジャーをしている現場を、親や保育園・幼稚園の先生に見つかって、怒られた経験を持つ人は少なくありません。こういう経験もまた、性に対して「後ろめたいこと、恥ずかしいこと」というイメージが刷り込まれる大きな原因になっています（※なかには、それを「自然なこと」と理解して、否定したり干渉したりせずに、ただ見守っているという保育士さんもいらっしゃいます）。

そこで、せっかくご自身も娘さんと同じ感覚を知っているわけですから、どうぞ肯定的に理解を示してあげてください。

例えば、お子さんがリラックスしている時に、次のように話しかけてみます。

①「お股にぬいぐるみをギューッて当ててると、どんな感じがする？」
お子さんが何か答えてくれたら、共感を示してあげます。

②「お母さんも、することあるよ」と、もし言えるようなら言ってあげてください。

この言葉は、お子さんに勇気を与えます。「お母さんも、同じなんだ……！」と、世界が広がる感じがすることでしょう。

そこから、「女性同士の連帯感」が生まれます。１９００年代の初め頃までは、上の世代から下の世代へ、女性に共通の「体や心の知恵」を伝える社会的な仕組みがありましたが、現代では途切れています。

でも、このように母親が同性同士としての理解を示してあげることで、娘さんが将来、性や体のことで悩んだ時に、お母さんに打ち明けたり、相談しやすい土台を作ることができるでしょう。

③「だけど、そこは【自分だけの大切な場所】だから、他の人がいる前では、やったらダメよ」

その行為はしてよいけれども、TPOを選ぶ必要があることをマナーとして伝えておけば大丈夫です。

この時、【自分だけの大切な場所】として、第1章でお話しした3つのプライベート・ゾーンを教えてもいいでしょう。

④「他の人にも、勝手にさわらせたらダメよ。もし、勝手にさわってきた人がいたら、お母さんに教えてね」ということも伝えておきましょう。

「ダメ」と言ってもやめてくれない相手であれば、「その場から逃げる」、「近くに人がいたら声を上げて助けを求める」など、性暴力に遭う可能性を意識して、対処の仕方を教えておきましょう。

私はこれまで、20代から60代の女性に対して、性やパートナーシップをテーマとしたカウンセリングを10年以上続けていますが、これまでお話を伺った半数以上の女性が、幼児期から10代にかけて、年上の男性（大人から思春期の男子まで含めて）から、何らかの性暴力（痴漢のほか、プライベート・ゾーンを無理やりさわられたり、衣服を脱がされたりする「強制わいせつ」、「強制性交（レイプ）」まで）を受けた経験を持っています。

相手との関係は、①家族や親せきなどの身内、②地域や学校で日頃から関わりがある知り合い、③見知らぬ人、など幅があり、さまざまな場面でそんな性暴力が起こる可能性があることがわかります。

そして、性暴力の被害に遭った女性の半分以上が、性的な悪さを受けたことを**「恥ずかしい」**と思ってしまったために、親には言えずに胸に秘めていました。

さらに、相手に「誰にも言うなよ」と言われたことから、**「親に言えないような悪いことをしてしまった」**と感じて言えなくなった、という人も少なくありません。
その場合、悪いのは明らかに性暴力を働いた男性なのにもかかわらず、自分も悪かったかのように思い込まされ、自分に**「無実の罪」**を着せてしまうのです。

そうなると、たとえその子が普段は明るい性格であっても、ひそかに**「自分は汚れている人間だ」という思い込み**を抱えたまま成長していきます。そのため、自分が本当に好きな人や、尊敬できる人に対して、「自分はこの人にふさわしくない人間だ」と思って引いてしまいやすく、あえて尊敬できない男性や、自分のことを大切にしない相手との交際や結婚を選びやすくなります。

そんな事態になる前に、何があってもお子さんが**「自分を恥じることなく、自分がされたことを正直に打ち明けることができる」**ための土台を作っておきましょう。

そしてもし、打ち明けられるような事態になった場合には、ショックのあまり、

「なんでそんな時間にそんな所にいたの！」

「なんですぐ逃げなかったの！」

などと、責める言葉をつい発してしまう親が少なくありません。しかし、そのような態度はＮＧです。

お子さんが「自分が悪かった」と思うと、やはり性に対して否定的な思いが残ってしまいやすいからです。

それよりも、「イヤだったね、気持ち悪かったね、ひどいね」などと共感を示しながらいたわって、本人の気持ちが落ち着くまで、まずは安心させてあげるようにしましょう。

〔コラム〕身内からの性的虐待の事例（30代女性）

思春期以降、実父から繰り返し性暴力を受けていた彼女は、その事実を誰にも打ち明けず、「こんなことをされていた自分は、価値が低い人間になってしまった」という無力感を抱えていました。その結果、自分にとって尊敬できないような相手としか交際できないと思い込んでいました。

本来、父親というのは、女の子が外部の男性に暴力をふるわれることがないように、守る立場の人間です。にもかかわらず、自ら暴力をふるったということは、父としての役割を放棄し、人としての価値を著しく落としたことになります。

つまり、彼女の価値は、まったく下がっていない。

価値が下がったのは、父親のほうなのです。

それなのに、彼女はそんな父親が犯した罪を、誰にも言いつけないことによって、自分が代わりにかぶってあげたことになります。それは、父親の立場を傷つけたらかわいそうという優しさや、自己保身がない交ぜになったものでした。いわば自分に「無実の罪」を着せていたから苦しかったのです。

これらのことを伝えると、彼女は長年の悪夢から覚めたように苦しみから解放され、自分が心から幸せになれるパートナーを選ぶ生き方に切り替わっていきました。

なぜAV（アダルトビデオ）・ポルノ動画は要注意なのか？

セルフプレジャーをする時に、一つ注意してほしいことがあります。

一般に【AV（アダルトビデオ）】と呼ばれるポルノ動画を、思春期になった男の子は、大体どこかで観たことがあると思います。実際に、セルフプレジャーの時にポルノ動画を見ながらする男性は多いのですが、これは要注意です。

なぜなら、ポルノ動画には**「女性の体を、性欲を満たすための【物】のように扱っている」**という大きな欠点があるからです。

ポルノ動画を何度も観ていたという人に話を聞いてみると、次のように答えてくれました。

▼30代男性：「女性は力強く乱暴にセックスしたら喜ぶだろう」と勘違いしていました。その結果、奥さんがセックス嫌いになりました。

▼30代女性：「ポルノ動画の場面を思い出すと、子宮が痛むようになりました」

▼20代男子大学生：「セックスなんて、あんな気持ち悪いことやりたくない」

これでは、ますます少子化が進んでしまいそうですよね？

でも私は、この男子大学生の感覚は、正常なのではないかと思いました。あくまでもポルノ動画で演じられている「暴力的なセックス」のことを、気持ち悪くてイヤなものだと思えたわけですからね。

相手の体は【物】じゃない。
一人一人違う個性と、いろいろな感情を持つ【人格】を尊重しよう。

そこでなるべくポルノ動画に頼らずに、どんな人と、どんなまぐ合いをしたいかという、自分だけの想像力を使ってセルフプレジャーをするほうが、将来、お互いが満足できる、いいまぐ合いができるようになります。

教えて！　ウチの子の場合

Q「中1の息子の母親です。はっきり確かめてはいませんが、おそらく息子が、もうインターネットなどでアダルト動画を観たことがあるのではないかと考えています。きっと男子同士の友達関係からも、そういう情報が入ってくるのでしょう。興味本位でそういうものを観て、性に対して間違ったイメージを持ってほしくないのですが、それをどう伝えたらいいのかわからず、もどかしい思いをしています」

A　実はこの質問は、私が親子向けの性教育講座を開いた時に、毎回必ず親御さんから頂く、『ご質問率100％』のお悩みなんです。それほど、今の日本では、真実を歪めてしまう劣悪なポルノ描写が、多くの人の目に入りやすい場所に垂《た》れ流されているということです。

まず、私が実際に自分の息子にどう伝えたか？　という体験からお話しします。
今はもう大人になった息子が中学2年の時のこと。息子がインターネットのアダルトサイトにアクセスしたらしい形跡に気づいた時、私の中に「男女の営みが、その程度のガサツな行為だと思うような、粗暴な感覚に染まってほしくない！」という強い思いが湧いてきました。

　それで早速、タイミングを見計らって、息子に話を振ってみました。

　この時、「観てたでしょー」なんてからかうようなことは、絶対言わないようにしました。

「今、よくインターネットでアダルトサイトとかあるけど、あれってどう思う？」

　と、あくまで、一般論の世間話のように言ったわけです。

AVとかって 男性の ファンタジーを 描いた 「商品」なのよ〜
相手の女性の体には 宝物みたいに 接すること！
ね！
ふ〜ん
そうなのかっ

すると息子は、「さぁねぇ……」と完全にしらばっくれて返してきました。

何だか大人の会話みたいですね（笑）。

そこで私は言いました。

「あれは演技でやってる作りごとだから、あれが本当だって鵜呑《うの》みにしちゃダメだよ。女の人を〝物〟みたいに扱ってるからね。

それより、ちゃんと現実の女の人はどうなのか、よく見たほうがいいよ」

――息子は「あっそう」という感じで淡々と聞いていましたが、「母の教え」として残ったのではないでしょうか。

では、これにもう少し補足して、ポルノ動画について男の子に伝えておく時のポイントを４つお教えします。

①「何でそんなもの観てるの！」などと、頭ごなしに怒ったり責めたりしないこと

その理由は2つあります。

(1)セクシャルなことは良くないこと、という後ろめたいイメージがつくから。

(2)今後、性の話は親にはできないと、心をクローズしてしまうから。

そこで「興味を持つのは自然なことだから、悪いことではないよ」と認めてあげるといいでしょう（ただし、その内容、描かれ方に注意するということです）。

②「あれは演技で、わざとらしく作ってるから、あれが本当だって信じちゃダメ」と伝える

実際に、ポルノ動画のマネをしたりお手本にすると、女の人は「**ないがしろにされている**」**気分**になります。

もっとわかりやすい言葉で言うと「雑に扱われている」気持ちになるんですね。

③「実際の目の前の女の人の気持ちを、よく聞いたほうがいいよ」

どうしたら嬉しくて、何がイヤなのかを、ちゃんと確かめること。

④「相手と『仲良くしたい』と思ったら、その人の『体を大切にする』ようにしないと、気持ちは伝わらないからね」

「大切に」とは具体的にどうするのかというと、**大切な宝物を扱うようなつもりで、ていねいに触れる**ことですね。

そうしたら、きっとその相手は、

「私のこと、よく考えてくれてる、わかってくれる」

と感じるので、愛情が深まります。

息子さんが女の人の体に興味を持ったり、性別を問わず「好きな人」ができた時とか、タイミングをみて、少しずつ伝えていくと、将来、身近な女性や、好きな人を大切に扱える男性に育ちますよ。

実は、多くの女性が、自分より体格が大きく、腕力が強い男性に対して、本能的な「怖さ」を感じていると言います。だから、男性は自分と同じような、もしくは男同士のつき合いと同じような感覚で女性の体に触れると、女性にとっては「乱暴」と感じられることが多いのです。だから、「宝物のようにていねいに」とイメージするくらいでちょうどいいのです。

そんなふうに行動できる男性がどんどん増えていけば、「性暴力」も起こりにくい社会になっていくことでしょう。この点でも、親御さんの役割は重要だと言えますね。

では、女の子には、どうやって伝えるとよいでしょうか？

女の子にもやはり、男の子と同じ、もしくはその裏返しとなることを伝えます。

①「あれは演技で、動画を作ってる人の、勝手なイメージでやらせてる〝作りもの〟だから、あれが本当だって信じちゃダメ」ということ。

②「〝あれに出てくる女の人みたいにしないといけない〟なんて思わなくていい」ということ。

③「動画のマネをする男の人もいるだろうけど、自分がされてイヤなことははっきり伝えて、お互いに気持ちよくつき合えるように努力したほうがいいよ」ということ。

女性の態度次第で、相手の男性も変わることができます。娘さんが、そんなふうに男性に良い影響を与える女性に育つように伝えていきましょう。

ノーベル平和賞が取り上げた「性暴力」

ここでちょっと、最近のニュースを紹介しましょう。

２０１８年のノーベル平和賞では、史上初めてのことが起こりました。

「性暴力」の残虐さを訴え、そうした悲劇をなくすための活動をしている人、しかも男女一人ずつ二名に対して、同時にノーベル賞が贈られたのです。

【性暴力】とは、相手の同意なしに、性的にはずかしめること。

無理やり性行為をする「レイプ」をはじめとして、性交はしなくても体に勝手に触れる「強制わいせつ」や「痴漢」、さらに、直接触れずに裸や下着姿を「のぞき見」「盗撮」することなども含まれます。

受賞した男性は、コンゴ民主共和国に住む産婦人科医師、デニ・ムクウェゲさん（当時63歳）。紛争が多発しているコンゴで、性的虐待やレイプに遭った被害者を治療し、精神的にも支える活動を20年以上続けている人です。

女性は、やはり紛争の多いイラクに住む、少数民族の権利を訴える活動家のナディア・ムラドさん（当時25歳）。自分自身もイラクの過激派組織に拘束されて、性奴隷《どれい》（多くの男性から強制的に性交される状態）をさせられた被害者としての体験を公表しています。

これまで性暴力に遭った被害者は、周りの人たちから好奇の目で見られたり、逆に「お前が油断していたのが悪い」などと責められてしまうストレスから身を守るために、被害を正直に言えない人が多く、そのために加害者の罪が隠されてしまいがちでした。それを考えると、ムラドさんが正直に事実を語ったことは、勇気ある行動だったと言えます。

戦争をしている国や地域では、何千年も昔から、男性が戦っている相手国の女性をつかまえて、無理やり性行為をするレイプがよく行われてきました。そうすることで、女性の体が傷つくだけでなく自尊心がズタズタに傷つけられ、トラウマとなりますし、身近な女性が傷つけられることで、相手国の男性も戦う気力を失ってしまうなど、性暴力が戦争に勝つための武器としても使われてきたのです。

そして、今は戦争をしていない日本のような平和な国でも、実は性暴力事件は起こっています。それも知らない人から被害を受けるだけでなく、知っている相手から性暴力が行われることがあるため、被害に遭って傷ついた人は、誰にも打ち明けられずに何年も苦しむことも少なくありません。

だからムクウェゲさんとムラドさんが、性暴力をなくすための活動でノーベル平和賞を受賞したことは、世界中の国が間違った習慣をやめることにつながる、大きな意味があることなんです。

〔コラム〕イヤな痴漢から、その場で謝罪を引き出す技術

女性の70％、男性の32％が、公共の場所で、痴漢や露出行為、言葉のからかいを含む性的なハラスメント被害を経験したことがあるといいます。〔#We《ウィー》 Too《トゥー》! JAPAN《ジャパン》・2019年調査〕

私の場合、生まれて初めて痴漢に襲われる体験をしたのは、中1の時。自宅マンションロビーの郵便受け前で、ゴミを拾うためにしゃがみ込んだ時、いきなり後ろから丸め込むように抱きつかれて、何が起きたのかわからず驚いているうちに逃げられました。相手は、少し年上らしい、おとなしそうな見知らぬ男子でした。

それ以来、電車の中はもちろんのこと、路上、書店内、映画館内など、あらゆる公共の場所で、無遠慮にプライベートゾーンに触れてくる痴漢に遭うことが、二十代半ばまで繰り返されました。

痴漢など性暴力の加害者が、何を基準に行為の対象者を選ぶかというと、「逆らわなさそう」「服従させることができそう」、つまり自分から見て、おとなしく弱そうな相手を選ぶといいます。

確かに私は小柄できゃしゃな体格なので、相手にとって怖くなかったということではないかと思います。

ただし、不思議なことに私は、小学生の頃から、人間の性や女性というものを「価値が高いもの」と考えていたので、恥ずかしくて傷つくような感情は湧かず、それよりも黙って触ってくる相手の「卑怯《ひきょう》な態度」への腹立ちが強くありました。

そこで、相手が特定できれば、「変態！」と声を上げるなど、反撃することもありました。

その反撃が最もうまくいき、その場で相手を謝らせることができたケースについてお話しします。

それは20代前半の、社会人3年目頃のこと。電車の扉近くに立っていた時、真向かいに立っている40代後半に見える背広姿の男性の手が、はっきり私の胸に触れてきました。その厚かましさに呆《あき》れ果てた私は、〝お仕置きしてやろう〟という上から構えた心持ちになり、昔の〝スケバン〟(不良)のようにドスをきかせた声で、ゆっくりとこう言ったのです。

「――おじさん……手が、おかしいよ――?」

その瞬間、相手の男性は、はじかれたように手を引っ込めながら

「すみません……!」

と怖気《おじけ》づいたように謝ってきたのです。

こうした私の話を聞いていたからでしょうか。

私の娘もまた、状況は違いますが、大学1年の時に、生まれて初めて遭った痴漢に対して、その場で謝らせる結果となったことを報告してくれました。

娘の場合は、電車の横長タイプの座席に腰かけていた時に、隣に腰を下ろした若い男性が、スマホを見入るフリをしながら、片手を伸ばして彼女の胸に触れてきたそうです。やはりその「卑怯なやり口」に腹が立った娘は、ガタッと立ち上がって、相手を見下ろす格好で

「やめてもらえます？」

と強い口調で言ったとのこと。すると相手は、不服そうな顔をしながらも

「……すみません」と答えたそうな。

こちらを「弱者」だと見なして、反撃しないだろうという甘えのもとに痴漢を働いてくる男性の心理には、強者には弱腰になる臆病な心が隠れています。

これらの体験から、痴漢行為をすぐやめさせ、謝罪を引き出すために効果的な態度について、その条件をまとめてみました。

その１＊気持ちの上で、相手の優位に立つこと。
その２＊キンキンした高い声ではなく、低めのトーンの声で、毅然とした言葉を使うこと。

ただし、これは人目がある場所でこそ、活かせる方法です。はっきりした反撃がしにくい時には、周囲に助けを求めることも必要です。また人目がない場所では、腕力や体格でまさる相手からは、逃げることが最優先でしょう。

何より被害者を泣き寝入りに終わらせないために、周りにいて不審な行為に気づいた人は、助け舟を出す勇気が、当たり前のものとなっていくことを願っています。

男の子も「性暴力」で傷ついている

　それから、性暴力を受けてしまう可能性があるのは、女性だけではありません。

　世の中には、男の子をターゲットにして性暴力を働く大人もいるのです。だから、男性も自分のプライベートゾーンに図々しく侵入してこようとする相手には、言うなりにならずに、拒否するか逃げるかして、身を守る必要があります。

　また、本人たちが「性暴力」とは思っていないこと――例えば、男子生徒同士の悪ふざけで、誰かの性器を無理やり人前にさ

男の子をターゲットにした性暴力もある

らしてしまうようなことも、性暴力と同じように、その人の尊厳《そんげん》を傷つけることになります。

実際に、中学生の時に男の先輩から、そういう目にあわされたことがトラウマになり、大人になっても心の傷が残っている男性もいます。「男なんだから、そんなことぐらいで傷つくなんておかしい」と強がるのは、不自然なことです。

自分のことを、雑に扱わないようにする。そうすると、ほかの人のことも、大切に扱えるようになっていきます。そうして、ほかの誰かがそういう目に遭っていたら、やめるように注意できる勇気が出せたらいいですね。

大人のための解説

右のように、中学生の時の仲間の悪ふざけがトラウマになったケースでは、被害にあった男性の心に「男性の持つ攻撃性」というものへの恐怖心が刷り込まれました。その結果、40代になっても、恋人との性行為の時に、挿入はできても射精ができない。なぜなら「男性の攻撃性」で大切な人を傷つけるのは怖いから、という形で障害が残ることとなりました。

この例を見ても、世の中でよく言われてきた「男はみんなオオカミ」という価値観は間違っていることがわかります。逆に、男性の攻撃性を過熱させるような風潮が、優しい心を持つ男性まで傷つけてきたということです。

「幸せな性」は、お互いの気持ちが一致していることが条件

ここまでのお話をひと言でまとめると、こうなります。

性行為には、人間の心の深いところを動かす【力】がある！
だから、人を傷つける【凶器】にもなり、人を幸せにする【宝物】にもなる。

――あなたは、どちらの使い方をしたいですか？

ぜひ、自分も相手も幸せにするような性を体験してくださいね。

そのために大切なのは**「自分の本当の気持ちを、相手に正直に伝えること」**。

そして、それができるようになるためには**「自分の本当の気持ちを、自分自身がわかってあげること」**が必要です。

同じように、**「相手の本当の気持ちを、理解してあげること」**も大切になりますよね。

性や恋愛に出会う前からも、出会ってから後にも、大事な心がけが、

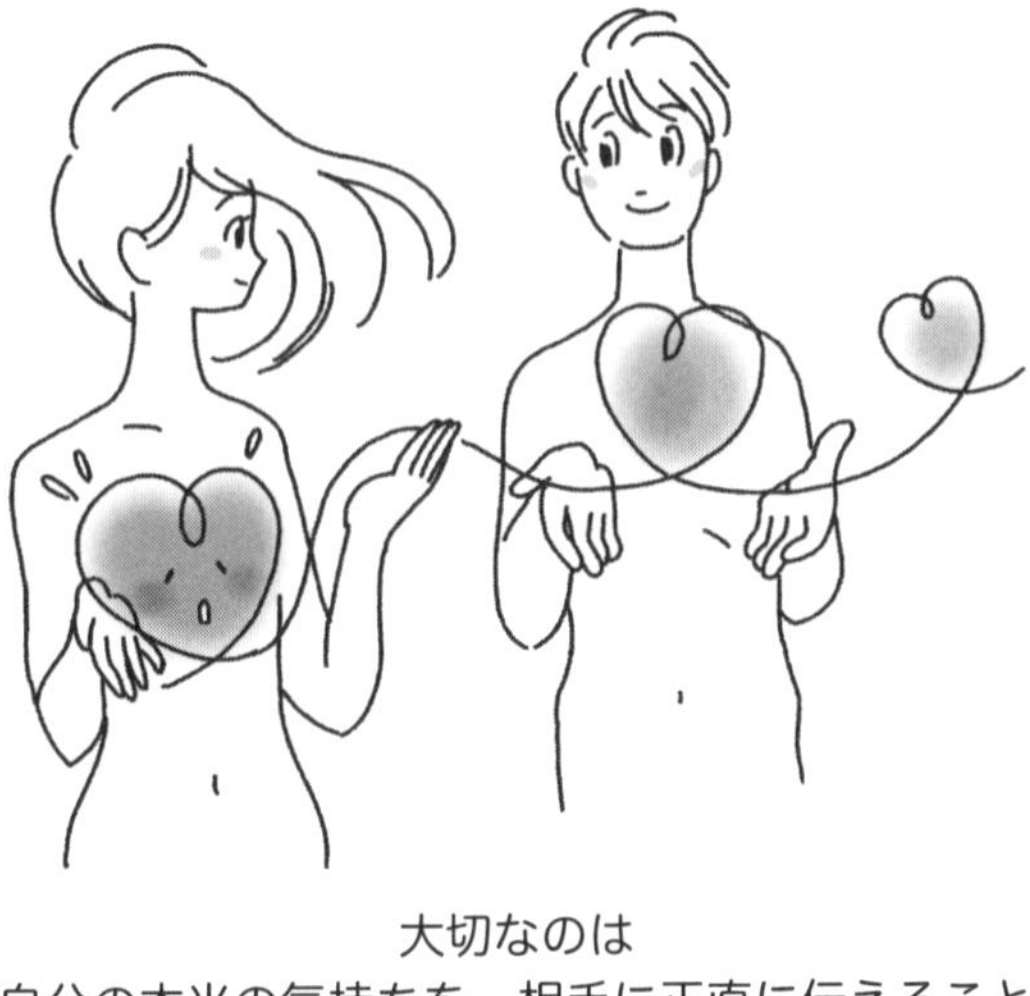

大切なのは
「自分の本当の気持ちを、相手に正直に伝えること」

「わたしの体（自分の体）を宝物のように大切に扱ってください」

ということです。

その気持ちがあれば、イヤなことをされそうになった時に、それを相手に伝えることができますよね。

特に女性は、男性とまぐ合いをする関係になった時に、「もし妊娠したら、相手はどうするのか？」ということ、あなたがまだ妊娠したくない気持ちが強いのであれば、「避妊に協力してくれるのか？」ということを確かめましょう。

その時に、なぜ避妊をする必要があるのか、よくわかっていない男性には、「私の体を大切に思ってくれるなら避妊に協力してほしい」と、理由を伝えましょう。

そして、

「あなたの体（相手の体）も宝物のように大切に扱います」

そういう心を持ちましょう。

性的な関係は、相手に対する愛情と思いやりがその前提としてあること、そしてどちらかの一方的な気持ちの押しつけでするのではなく、お互いの気持ちが一致していてこそ幸せなものになるということを覚えていてください。

大人のための解説「幸せな性」に欠かせない「性的同意」について

2021年2月、「性犯罪に関する刑事法の検討会」で、刑法学者から画期的な案が提出されました。「強制性交（レイプ）」だけでなく、「同意のない性行為」まで広く処罰しようという提案です。

これまで、性暴力が犯罪として成立するためには、加害者からの暴力や脅迫など、被害者がどうしても逆らえない状況にあったことを、具体的に証明しないといけませんでした。

そのため、はっきりした暴力や脅迫という形を取らなくても、心理的に逆らえない状態で「望まない性行為」を強《し》いられた人たちが、心に傷を負いながら泣き寝入りするケースが多かったのです。そこで、それを救済するための対策として、「不同意性交」という考え方が新たに取り入れられたというわけです。

ここからは、犯罪とは別の話になりますが、「同意のない性行為」といえば、日頃は仲の良い夫婦や恋人同士の間でも、時として起こりがちなことではないでしょうか？　どちらかが本当はしたくなくても、相手の欲求を断りきれずに流されてしまうことは、世間ではよくある話として片づけられています。

けれども、特に女性器の筋肉は、相手に協力する心の準備ができた状態になってこそゆるみ、太い男性器をなめらかに受け入れることができる状態になります。逆に、準備ができていない状態で強引に挿入されると、皮膚や粘膜が切れたりこすれたりして出血するなど、傷つきやすいものです。

それを考えると、たとえ親密な間柄であっても、そうとは知らずに「性暴力」の入口に足をかけていることになります。

女性の3分の2が、日常的に性交痛を経験しているというデータにも、多くの女性が「痛い」という不快感を相手に伝えられず、「痛くない触れ方をしてほしい」という欲求を、はっきり伝えきれていないことが物語られています。

まずは大人から、「幸せな性」を実現するには、自分の心と体の「快・不快」を尊重すること。そして、それを相手と分かち合い、お互いの気持ちを一致させながら営むことが大切です。

まとめ

では、これまでのお話の大切なところを、忘れないようにまとめてみましょう。

♥自分の体のお世話責任者は自分！

♥何が快適か、不快なのかを自分でわかって、人に伝えられることが大切。

♥プライベート・ゾーン（口・胸・性器）を本人の同意なく触ることは失礼な

こと。

♥女性の外性器の姿は「観音様」似。内性器の膣（ヴァギナ）は「ほと（かまど）」「美斗（美しい入れもの）」とも呼ばれていた。

♥男性器の陰茎（ペニス）は「ほこ（つるぎ）」。リラックスなどすると勃起する。

♥月経は、女性の全身が出産の準備運動をするようなもの。

♥女性の生まれる前から卵巣の中にあった卵子。毎日新しく男性の精巣で作られる精子。

♥陰（水のような性質）と陽（火のような性質）の割合は男女で反対だけれど、誰でも両方の性質を持っている。

♥LGBT（セクシャルマイノリティ）は人間の多様性のあかし。

♥性交・性行為（セックス）＝「まぐ合い（目合い）」は、人間の社会が始まった頃には、新しい命を産み出す「神聖なこと」として扱われていた。

♥人間の性行為は、子どもをつくるだめだけでなく「触れ合う喜び」とリラックスのためにある。

♥安全な避妊法は、コンドーム、低用量ピル（OC）、性交をしないセクシャルコミュニケーション。

♥性のエネルギーは、生命力のあかし。
性欲と上手につき合うためのセルフプレジャー。

♥アダルトサイト・ポルノ動画には要注意。
相手の体は【物】じゃない。
一人一人違う個性と、いろいろな感情を持つ【人格】を尊重しよう。

♥性行為には、人間の深いところを動かす【力】がある。
人を傷つける【凶器】にもなり、
人を幸せにする【宝物】にもなる。

♥2つの誓いの言葉
「わたしの体（自分の体）を宝物のように大切に扱ってください」
「あなたの体（相手の体）も宝物のように大切に扱います」

終わりに

性暴力とセックスレスは同じ根っこでつながっています

大人たちのセックスレスと、青少年たちも関わる性暴力や性虐待は、一見、正反対に見える現象ですが、実は共通の原因から生まれていると私は考えています。なぜなら、どちらも「性のイメージが歪んでいること」が土台にあるからです。

日本のセックスレス夫婦の割合は、21世紀に入って増加する一方で、ついに2020年に51・9％に達し、「あまりセックスしない夫婦の方が多い」という事態になりました（ジャパン・セックス・サーベイ2020より）。もちろんお互いがそれで満足し、納得した上での選択ならよいのですが、実際には「したいけど、できない」という葛藤を抱えている男女の声を、私はこれまで数多くお聞きしてきました。

夫婦として愛情が穏やかなものへ深まっていくと、若い頃からアダルト動画で視覚的に刷り込まれてきた、「男が女を力ずくで征服する・はずかしめる」という暴力的なイメージがジャマをして、家族のように信頼する連れ合いと性行為をするのは、しっくりこないような「違和感」が生まれてしまうからです。本来であれば、そんな関係になった相手とこそ、性の喜びを深められるはずなのですが、真逆のイメージになっているわけです。

また、多くのアダルト作品の中で、性行為が暴力と結びつけられ、相手から力を奪う「エネルギーの搾取の道具」として描かれているからこそ、劣等感を抱えたり自分のことを価値がないのではと考える人たちが、心の闇やストレスを解消するために、性虐待や性暴力に走ってしまいがちになるのです。このイメージを根本的に塗り替えない限り、こうした被害者・加害者の双方にとっての悲劇的な行為をなくすことはできないでしょう。

性は、温かく、自分や相手が全肯定され、癒されるもの

――どうぞそんなイメージで、これまでの性のイメージを上書きしてください。

【セクシャル・リプロダクティブ・ヘルス／ライツ（ＳＲＨＲ＝性と生殖に関する健康と権利）】という言葉が今、国際的に提唱されています。「性の健康」とは、性に関して心身共に満たされ、それを社会的にも認められていること。また、性行為についても、妊娠・出産についても、するかしないか、いつするかなどを「自分で決められる権利」が保証されるべきとしています。逆に言うと、これまでの世界では、そうした自分の体に関することでも、自分の意思を通せないケースが多かったという反省から来ています。

今や、所属する組織のルールや価値観に従っていれば良しとされた「集団の時代」は終わり、一人一人が自立して自分の意見を持ち、お互いの立場を尊重し合うことが求められる「個の時代」へと移行しつつあります。「上の言う通り」「みんながする通り」という縛りが弱まるからこそ、皆が自分の体に備わる「性」の力と働き方についてよく知り、大切な事を自分で決められる人になれるようにとの願いをこめて本書を書きました。

温かな推薦文と貴重な医学的ご教示をお寄せくださった早乙女智子先生。まさに性のイメージを塗り替える美しく愛くるしいイラストをご提供くださった大野智子さん、和全さん、本田みやさん。前著の刊行後も、私の活動を見守り励まし続けてくださった、徳間書店の橋上祐一さん。本書の誕生に力をお貸しくださった全ての皆様に深くお礼申し上げます。

この本があなたの人生にさらなる幸せを加える一助となれば嬉しいです。

夏目祭子

令和3年8月

〔参考文献〕
『新版 SEX&our BODY』（河野美代子著、NHK 出版）
『あなたも知らない女のカラダ』（船曳美也子著、講談社）
『女性ホルモンで世界一幸せになれる日本女性』
（対馬ルリ子著、マガジンハウス）
『子宮力』（進純郎著、日本助産師会出版）
『脳を活性化する性ホルモン』
（鬼頭昭三著、講談社ブルーバックス）
『女力は骨盤力』（奥谷まゆみ著、主婦と生活社）
『骨盤調整ヨガ』（高橋由紀著、サンマーク出版）
『昔の女性はできていた』（三砂ちづる著、宝島社）
『生理用品の社会史』（田中ひかる著、ミネルヴァ書房）
『女性と穢れの歴史』（成清弘和著、塙書房）
『あなたが目覚める愛と性のギフト』（夏目祭子著、徳間書店）

夏目祭子（なつめ　まつりこ）
真実の性の語り部・作家・性と食のカウンセラーセラピスト。
一般社団法人「性・愛・命の学び舎」代表理事。女性医療ネットワーク認定・女性の健康総合アドバイザー。《腸脳快感アンチダイエット》提唱者。早稲田大学法学部卒。2002年より「大人から学び直す本当に幸せな性の奥義」をテーマに講演活動を開始。明るく上品に面白く「まるでお天気の話をするような」「性のイメージがガラリと塗り替わる」語り口が評判を呼び、開催地は全国31都道府県に及ぶ。古今東西の聖なる性と、支配者のマインドコントロールの歴史に精通し、生命力を高めるエネルギー交流としての性を体感するためのボディメソッド《磁愛オキシトシン・タッチケア》《骨盤底筋エナジービクス》なども多数開発。セックスレス 、妊活、婚活、出会い、性暴力トラウマ、婚外恋愛など、大勢の悩める人々の問題を根本解決に導いてきた。日本性科学会・性と健康を考える女性専門家の会・日本摂食障害学会会員。
主な著書は、『ダイエットやめたらヤセちゃった』『太らない人のヒミツ――腸で考え・脳で感じて・美力めざめる』（いずれも彩雲出版）、『愛し愛される力が開花する「ちつ力」メソッド』（大和出版）、『あなたが目覚める愛と性のギフト』（徳間書店）ほか。

★一般社団法人「性・愛・命の学び舎」 https://seiai-inochi.jp/

親子で学ぶ「幸せな性」と命のお話

本当の自分の心と体がつながる性教育

第1刷　2021年8月31日

著　者　夏目祭子
発行者　小宮英行
発行所　株式会社徳間書店
〒141-8202　東京都品川区上大崎3-1-1
目黒セントラルスクエア
電　話　編集(03)5403-4344／販売(049)293-5521
振　替　00140-0-44392

印刷・製本　大日本印刷株式会社

ISBN978-4-19-865332-3